Sprache und Meer

Nasima Sophia Razizadeh

Sprache und Meer

Rohstoff

»Wohin wollte ich Sie mit dem allen führen?
Ich habe mich ein wenig verirrt, aber es tut nichts,
denn Sie sind vielleicht mitgegangen und nun
sind wir beide verirrt.«

Franz Kafka

Man geht ins Meer, fiebernd, und dann geht man wieder hinaus, tropfend, und dazwischen geschieht alles. Man geht fort vom Meer und wartet verstohlen, dass es folgen wird. Man wartet in der Landenge, man schreibt derweil, man spielt, man geht auf und ab, geht nicht zurück, dreht sich nicht um, man wartet, alles scheint benennbar, und doch ist nichts gewonnen. Auch die Sprache war bloß Schwimmung. Wortverklebt träumt das wasserscheue Ufer vom Gegenteil.

In der Sprache aber waltet, dem Wasser trotzend, ein Lindwurm mit offenem Rücken.

Tinte im Meer

An den Fingern Tinte, noch bevor das erste Wort geschrieben ist, beuge ich mich über das geöffnete Heft. Ich suche mit der Federspitze wie mit einem Widerhaken in der vor mir liegenden hellen Papierstruktur Halt. Ich denke an die Patrone, die, im Verborgenen, an einem die Patronenkappe beim Einsetzen der Patrone durchstoßenden Dorn hängt. Wie die Patrone am Dorn hänge auch ich, am Papier, in einer prekären und doch produktiven Position. Wir haben, wird mir beklommen bewusst, keinen Boden unter den Füßen, sind gleich-schwebende Lieferanten, opak, zart, gütig, willig.

Ich frage mich, ob die Tinte ein Gefühl der Sprache besitzt, selbst ein ganz flüchtiges. Hielte ich die Tinte nicht mehr aus und wollte den Füller ein für alle Mal leeren, sodass ihm nichts übrig bliebe, als über das Papier zu kratzen, ohne Sprache oder Spuren zu hinterlassen, nähme ich die Tinte mit nach draußen, überquerte die stille Straße und liefe hinunter zum Strand und dann den Strand hinab bis zur Wassergrenze und gösse dort die Tinte ins Meer, um mich der in Relation zu dem riesigen Wasserkörper winzig klein erscheinenden Tintenmenge zu entledigen – würde dann etwas Ruhe und Einvernehmlichkeit in meine Welt einziehen und eine verschwindend geringe Spur von Sprache in das sonst so stumme Gewässer kehren? Spuren verweisen stets auf vorangegangene Bewegungen. Bewegungen hingegen bedürfen keiner Spuren. Bewegungen sollten sich selbst genügen. Und doch, immer wieder versuchen wir, störrisch dem Vergehen von Bewegungen entgegenzuwirken und schreibend der Sprache das Bleiben zu lehren, indem wir handliches Schreibwerkzeug mit dunklen Flüssigkeiten aufladen.

Bewegung ist neben Berührung vermutlich das tiefsitzendste Bedürfnis. Bewegung und Berührung sind die Untergrundbedürfnisse, sind unsere ersten Sehnsüchte, archaischsten Äußerungen des Willens – aber schon fallen die Schrift und ihre drei dunklen Gesellen, das Heft und der Federhalter und die Tinte, ein, alles erstarrt, und es kommt zum Eklat. Der hier vorliegende Eklat folgt den Regeln der Kunst des Kafkaesken: dem Aufeinanderprallen des Unzubändigenden, Wilden und dem bis ins Absurde Überstrukturierten.

Vom Schreiben, Sprechen und Schreien

Sprechen ist wie Schreiben auf nachtschwarzem Papier. Im Gesprochenen schwingt daher immer auch eine Dunkelheit mit, die wie jede Dunkelheit ein Gefühl von Sicherheit geben und nehmen kann. Das Gesprochene gleicht dem Meer in seiner vermeintlichen Unendlichkeit, seiner schier unüberschaubaren Weite, seiner gleichermaßen unbeständigen wie verlässlichen Weise, auf und ab zu wogen und vor und zurück zu rollen. Die Worte, die wir einander sagen, sind so vielgestaltig wie die Assoziationen beim Betrachten des unablässigen Streichelns des Strandes durch den Meeresrand, dieser vom Anderen nicht ablassenden und doch ablassen müssenden und doch nicht ablassen könnenden Bewegung und Berührung. Auch unsere Bewegungen und Berührungen kennen Ebbe und Flut und vermögen sich diesen Kräften, vielmehr dieser Kraft, nicht zu entziehen.

Liebende gießen den Klang ihrer gesagten oder ungesagten Worte verspielt-verschwenderisch wie Tinte ins nächtliche Meer und vertrauen auf die nie vollständige Auflösung dieser Tinte. Als Sprechende können sie weder das Meer sein noch der Strand noch die winzige Tintenmenge, sondern wohnen alldem nur bei. Sprechend verweilen die Liebenden an den aufgesuchten inerten Grenzen wie gespensterhafte Gäste. Am Meer ist alles Sprechen fundamental eingebettet in eine Stille, wie sie nur an der Grenze zwischen Wasser und Land erfahrbar ist. Diese Stille ist keinesfalls gekennzeichnet durch eine Abwesenheit von Geräuschen, von Gedachtem oder Gesagtem, sondern vielmehr durch die Aufhebung aller Differenzen zwischen den sonst voneinander getrennten oder getrennt wahrgenommenen Geräuschen und Gedanken und gesagten Worten. Kein Vakuum, sondern im Gegenteil eine maßlose Fülle, die keinen Platz lässt für Konturen, Zwischenräume oder Pausen und die uns dort und in jedem wahrhaften Sprechen umhüllt und sich jedem Eingriff und Ausbruch entzieht. Einmal ausgesprochen, gibt es kein Entkommen und kein Entkennen. Das Gespräch zwischen Liebenden ist Durst und Trank und Trunkenheit zugleich und schwingt in nicht messbarer Auslenkung zwischen dem Einen und dem Anderen und all dem, was es ist und nicht ist. Die Gegenwärtigkeit des Gesprächs legt Gedächtnis und Gewissen nahezu trocken, lässt das Gedächtnis wie einen kleinen Tümpel, das Gewissen wie ein dünnes Rinnsal erscheinen, hebt Erinnerung und Urteil aus den Angeln, reißt ihre Einwände ein und gewährt so der Lust und Wucht der Begegnung Einlass.

Anders verhält es sich mit dem Geschriebenen. Das Geschriebene ist ein enigmatischer Gegenstand zwischen einer Lichtquelle und einer hellen Fläche, ist Sprache, auf die Licht fällt und die auf dem Papier einen Schatten wirft, der Schrift ist. Wohin aber die Sprache nach dem Schreiben geht, scheint ähnlich rätselhaft wie das erste Erblicken von Schönheit, Mal für Mal, oder die letzten Schritte hin zur Sphinx, deren Rätsel uns immer schon um seine Lösung ringen ließ. Lange bevor wir vor sie treten, sitzt uns ihr Rätsel bereits zwischen den Rippen und sorgt nicht selten für ein tiefes Unbehagen in der eigenen Haut. Weder Rippen noch Haut wissen um ihre Namen. Weder Rippen noch Haut träumen von den Sphinxen, die auf uns warten. Man muss sie dafür lieben – aber wie im Zuge und infolge jeder liebenden Hingabe sind auch hier Kampf und Verluste und unverzeihliche Fehler und lange Irrfahrten vorauszusehen. Sagen wir das, so hört der Körper nicht auf uns. Zu Recht misstraut der Körper den fiebrigen Voraussagungen, sie sagen ihm nichts, das Sagen ist ihm wesensfremd und ist es allen belebten und unbelebten Körpern. Körper bewegen sich und berühren sich körperlich, nicht sprachlich – und sind dennoch gefangen im Traum des Sprechenden. Und so misstraut der Körper letztlich zu Unrecht unseren Voraussagungen und fällt ungläubig und brennt und blutet stumm, und auch uns bleibt dieses Leiden nicht erspart, denn wir sind trotz aller Wendigkeit und Wildheit und Wunderobsession doch ganz und gar gebunden an die ahnungslosen Rippen und die unnachgiebige Haut.

Sprechen und Schreiben kann nur, wer zu träumen vermag.

Aber wie im Nacht-Schlaf sind wir auch im Sprach-Schlaf jederzeit vom Albtraum nur einen Schritt entfernt. Das Notwendige, Selbstverständliche, Alltägliche rächt sich früher oder später – Schlaf und Sprache unterscheiden sich nicht von den übrigen Gekränkten in dieser Welt. Und zu Recht: Sie bieten uns solch fabelhafte Gaben, den

Traum, die Wörter, die Sätze, die, fließend ineinander übergehend, all das ausdrücken, was wir wissen oder nicht wissen, ahnen oder zu verstehen meinen, empfinden oder uns zu empfinden sehnen, immer dann, wenn der Körper es nicht mehr vermag oder nie vermochte. Aber wir zählen diese Geschenke häufig zu unserer nicht erwähnenswerten »Ausstattung« und würdigen die flüchtigen Fabelwesen - Schlaf und Sprache - nur selten oder nie eines Blicks. Gekränkt, aber nicht gebrochen, werden aus ihnen daher monströse Gestaltlosigkeiten, deren Rachezüge uns keinen Abgrund ersparen. Und ist das nicht rechtfertigbar, da sie uns sonst auch keine oder kaum Grenzen setzen? In grenzlosen Sequenzen gleiten wir in der Sprache von einem Traum in den nächsten, und der Traum vom Aufwachen wird nicht müde, sich zu wiederholen. Während sich Träume in Nächten und Schlafeinheiten einhausen müssen und so immer diskrete Einheiten bleiben, besitzt die Sprache, ähnlich dem Meer, die Fähigkeit, jede Differenz aufzuheben, und ist infolgedessen allgegenwärtig und nicht aus eigener Kraft verlassbar. Das Träumen der Sprache ist rastlos, taktlos, rhythmisch, ist Aufstieg, Abstieg, Flug und Sturz zwischen Traum, Traum, Traum. Wie ein riesenhafter Anderer sehen wir von oben auf das Geschehen und entsetzen uns angesichts der in der Tiefe nicht zur Ruhe zu bringenden Mähr.

Die Nachtmähr der Sprache, ihr großes, steinernes, anderes Gesicht, dem nur ein Riese in die grauen Augen sehen kann, speist sich nicht aus den Resten des Tages, sondern aus den Resten des Mythos, der Ballung aller

Mythen. Der Mythos aber ist selbst nicht mehr als eine Ausgeburt ebenjenes Albtraums.

Bliebe noch der Schrei. Es stehen sich im Raum zwei Spiegel gegenüber, und in einem Aufschrei werden wir des Unendlichen, des Undenkbaren, des Unsagbaren, der großen Wiederholung gewahr, können nicht wegschauen und sehen dennoch nie alles. Ein solcher Aufschrei ist wohl der regelloseste Sprachgebrauch, dessen wir fähig sind. Not und Mut. Schreck und Glück. Im Aufschrei kann ihre angestrengte, strenge Trennung für einen Augenblick nicht aufrecht gehalten werden.

Ich war es, die schrie, und kann doch nicht berichten. Der Schatten des Aufschreis ist nicht beständig, er gehört dem Wasser an, er ist die ursprünglichste Art des Sagens, ist nicht schreibbar. Eine jede Fläche hütet sich vor seiner flutenden Natur, und so findet der Schrei nirgends Ort und nie Dauer.

Wir sind häufig so weit weg vom Meer und den alten, regellosen Qualitäten, die wir mit ihm teilen, dass die falsche Stille, die landeinwärts, wo es keine Ufer gibt, herrscht, uns mit Scham umhüllt und der Aufschrei in diesem von halb transparenten Stoffen verhängten, resonanzlosen Raum furcht- und zumutbar zugleich erscheint. Der Aufschrei wird zum wilden Wagnis verklärt, und wer aufschreit, ist kurz befreit, aber dann lange beschämt.

Landeinwärts gerät schnell in Vergessenheit, was nur an solchen Grenzen, die wir Gestade nannten, erfahren werden kann. Grenzen, die unerbittlich sind und indes, *trotzdem*, regellos verschwimmen. Grenzen zwischen Lebenden und Lebenden oder zwischen Lebenden und Nicht-mehr- oder Noch-nicht-Lebenden oder auch zwischen Lebenden und Teils-Lebendem-teils-Unbelebtem wie dem Meer oder dem Wald oder ... Sprache ist die Meisterin der Präzision und verwischt dennoch alle Grenzen skrupellos.

Nachtschwimmer

Mein unzureichender Aufschrei, wenn ich aufwache mit blassem Gesicht und nassen Fußsohlen, als sei ich gerade noch durch eine taubenetzte Wiese gerannt und wollte nach einer Nacht im Freien in den Stall zurückgetragen werden. Hinter den Gittern im Stroh wähnt sich die in diesem Augenblick mit mir erwachte blasse, nasse Regung aufgehoben. Der Stall verspricht Schlaf, und der Schlaf verspricht Ruhe. Zwischen den Halmen, fühle ich, halb wach, fände der Schrei ein hellhöriges Heim.

Das Öffnen der Lider ist nur ein Rudiment, nicht Gewohnheit, sondern bloßes Überbleibsel, Indiz früherer Freigänge, einstiger Streifzüge eines den Tag nicht scheuenden Blicks. Längst läuft die Vorstellung nach dem Erwachen ungestört hinter verschlossenen Türen weiter, Traumreste werden zum Tagesmaterial, und der Pfeil zwischen Schlaf und Wachsein ist sich seiner Richtung zunehmend ungewiss.

Und würde jemand einmal wirklich in meine Welt einbrechen wollen, so stieße er an der Tür auf ein Schild mit den Worten »Kein Zutritt – Vorstellung läuft« und würde also vermutlich umdrehen, anstatt sich im dunklen Saal mit den roten, samtenen Sesseln und Vorhängen zu mir und den Eisbären, die vor unbestimmter, aber doch langer Zeit auf den übrigen Sitzen Platz genommen haben und regungslos der Vorstellung folgen, zu setzen. Es sind übrigens die samtenen Vorhänge, nicht die Eisbären, die mir Angst machen dort hinter meinen Lidern. Wie trügerisch zart die Haut um die Lider doch ist. Kein Anzeichen der dahinterliegenden Räume und Käfige und Säle und Wälder und erdigen, leeren, stillen Felder und vogelfreien kleinen Steine in der Erde. Kein Anzeichen der riesigen Marmorblöcke, die sich, selten zwar, zu neuen Konstellationen verschieben, als würde ein unsichtbarer Riese eine Schachpartie ohne Quadrate und ohne Regeln austragen. Kein Anzeichen der Hände, die eifrig Diktiertes notieren und dann doch gleich wieder unleserlich machen, weil die Schrift vor ihnen nicht die ihrige ist. Kein Anzeichen des schattengleichen Liebhabers, der, noch bevor die Frühe anbricht, aufsteht, in der Mitte der kärglichen Kammer in ein Paar Eisen-Schuhe gleitet und fortgeht.

Gesichtslos fällt mein Kopf aufs Kissen unseres gerade noch geteilten Lagers zurück, und ich wache neuerlich auf und schäme mich der trügerischen Zartheit meiner Haut - und möchte sie doch berührt wissen, im Traum wie am Tag, auch dann, wenn *ich* mich nicht oder kaum erkenne und dieser Haut nicht zu ähneln meine, auch dann, wenn ich sie nicht auszufüllen vermag, auch dann, wenn es mir darin zu klein wird und die Grenzen zur Welt in jeder Sekunde aufs Neue gesprengt werden, sodass alles zu einer großen, fließenden Bewegung wird und die Bewegung leicht zu verwechseln ist mit Wachstum, wie wenn der nach links und rechts ausgestreckte linke und rechte Arm beim schnellen Drehen um die eigene Achse auf einer großen, freien Fläche, die im Zuge des Drehens ebenfalls Teil der Bewegung und somit auch Teil des sich drehenden Körpers wird, wenn also diese beiden Arme länger und länger zu werden und bald einmal die ganze Welt zu umgreifen vermögen scheinen. Und möchte die Haut also berührt wissen von eigener und fremder und naher und ferner Hand, im Traum und am Tag, möchte langsam alle Kleidungsstücke ablegen und zuletzt die hinterm Rücken geballte Faust vorziehen und öffnen: ein Friedensangebot und Zeichen der Bereitschaft zur wortlosen Offenbarung. Und wache wiederum auf, die Hand auf den eigenen Mund gepresst, um den Aufschrei zu unterdrücken – und um mich Worte, wohin der Blick auch fällt.

Wie war es, ist der erste Gedanke, als die Wörter in der mich umgebenden Welt noch nichts als Geräusche waren und die mich umgebenden Personen namenlos? Und wie war es, selbst namenlos zu sein? Und wie wäre es, zurück in die Namenlosigkeit eintauchen zu können, nicht bloß bis zu den Knöcheln oder Knickehlen oder bis auf Höhe des Geschlechts oder des Brustkorbs, nicht bloß bis zum Kehlkopf oder bis zum Kinn, sondern ganz, ganz und gar untergetaucht, ohne Namen und trotzdem unverwechselbar-da. Welch ein Schreck und welch ein Glück und welch ein sperrangelweit geöffnetes Tor zu dir oder von dir zu mir. Wären nicht womöglich sogar die Vorstellung pausiert, der Vorhang längst gefallen und die Eisbären aufgestanden und nach Hause gegangen?

Astigmatismus und Königsblut

»Under sleep, where all the waters meet.«
T. S. Eliot

Träume, geben sie sich auch häufig harmlos, beiläufig, wässrig, begegnen wir ihnen auch oftmals unwirsch, verdrossen, vergesslich, sind, nicht selten, Erzählungen von Blut, Brüchen, Brutalität. Träumend erzählen wir vom sonst Stummen so rücksichtslos, gewagt, entzäunt, entzäumt, dass die Reste der Erzählung, nicht selten, als Splitter im Folgetag stecken bleiben.

Träumend schreiben wir uns aus der Nacht heraus eine Karte. Angeln wir diese Karte im Moment des Erwachens blinzelnd und mit spitzen Fingern aus dem gerade noch offenen Spalt, so lässt sich das befremdliche Bild darauf häufig nicht gleich eindeutig einem bekannten Korrespondenten zuordnen, das Motiv löst einen Schrecken aus, der Erschrockene lässt die Karte fallen, der Spalt schließt sich, die Augen öffnen sich. Träumend zeichnen wir Motive für die zu schreibenden Karten, und diese Bilder, sollte man meinen, zeichnen die Träume eigentlich aus.

Man sollte meinen, der Traum in seiner grenz- und gesetzlosen Bildwelt ließe sich aufs uneingeschränkte *Sehen* beschränken und erspare dem Träumenden daher das *Denken*. Der Traum kann alles vors Traum-Auge führen, kann alles in Szene setzen, alles schrankenlos inszenieren, er kann das Traum-Auge beliebig verformen und lenken. Und doch werden mir am Morgen immer wieder im Traum unausgesprochen gebliebene Gedanken bewusst, die dort, im Traum, in mir, eine Traumenklave eröffnen, eine Art Höhle im Traumkopf, einen Rückzugsort in diesem eigentlich zeitlosen, eigentlich raumlosen, eigentlich herrscherlosen Nachtkammerspiel.

Das Denken im Traum ist eine Hintertür, auf deren Schwelle es sich verweilen lässt, wenngleich sich kein Außen anzuschließen scheint. Wie in dem Bild *Rooms by the Sea* (Edward Hopper): Dort scheint das Meer, das unmittelbar hinter der sperrangelweit nach innen geöffneten Tür beginnt, Meer und Zimmer zugleich zu sein. Im Traum führen wohl jeder Gedanke, jede Tür nur weiter nach Innen. Bloß ist dieses Innen im Traumbild kein stetes, kein Raum. Im Traum wende ich mich, denkend, vom Traumbild ab, gerate, durch das Wogen der Traumgedanken, ins Wanken. Im Traum gelange ich, denkend, in das Innere einer Puppe, eines nur im Werden begriffenen Stadiums, eines an sich Unfertigen, eines bloß Angedachten – selbst schlupfreif noch: mehr Brücke als Tier.

Ich erfahre mich im Traum als Brückentier. Im Traum werde ich mir als Beleg meiner Ontogenese vorgeführt. Ich denke, als könnte ich mich denkend retten, inmitten des Traumes, bin Schmetterling und Kescher zugleich und weiß weder wonach dieser noch jener sucht.

Es heftet sich mir im Traum das Obskure an die Fersen, macht Jagd auf die Zwitterwesen, misstraut ihrem Freigang und ihrem Stolz, baut Brücken, wo keiner Brücken braucht.

Licht-Kadenz

Nicht nur am Traumrand, auch an den Tagesrändern werden wir von Zeit zu Zeit befremdlicher Bilder gewahr, die uns stumm machen, innehalten oder sogar erstarren lassen, die die Buchstaben, auf die wir uns sonst stützen, umstürzen lassen. Sehen ist lebendiger als Sprechen. Das Sprechen vom Sehen aber ist wie ein langes Bad im Blick. Die erste Voraussetzung des Blicks ist das Licht. Doch das Licht führt in sich auch einen *Zwang*. In seinem *Revier* scheint ein Anspruch zu herrschen, den das Wasser nicht stellt. Das Licht, scheint es, fordert auf, sich zu bekennen, sich zu verschreiben. Aber, und manchmal werden diese Formulierungen sanft angeschwemmt, man weiß gar nicht recht, woher, es lässt sich, sagt man, im Licht baden. Es lässt sich landeinwärts im Licht baden. Das Licht, mein Sehen, dein Blick werden in der Sprache flüssig. Wir trinken davon. Wir baden darin. Wir tauchen ein, tauchen unter, schwimmen, ohne eine Spur zu hinterlassen, ohne das Land zu verlassen, weit hinaus im Licht und im Blick. Und das ist viel mehr als nur Trost.

Beinahe einem stillen Ideal gleich stelle ich mir vor, in dein Dasein zu fallen wie das Licht in den Raum auf dem Bild *Sun in an Empty Room* (Edward Hopper), ohne es zu füllen und doch fühlbar gegenwärtig. Gleich diesem Licht, stelle ich mir vor, dich nicht zu verändern und doch eine spürbare Andersheit zu sein und zu bewirken, eine verlässliche Besucherin, die nie-nicht-wiederkehrend der

Einladung folgt, sich ohne Rückhalt gibt in das Innere, in das Innerste deines Raumes, und, kaum verortbar, aber zweifellos ganz *da*, selbst im Schatten noch, Un-Teil dieses Raumes wird. Angesichts eines solchen (un-)geteilten Da- und Mit- und Ineinander-Seins wird die Sprache zwergenklein und klar wie Blockbuchstaben und doch auch anziehend dunkel wie das Fremde vor dem Fenster, durch das ich zu dir falle. Mein Inneres ist dein Äußeres, uns trennt ein hoppersches Fenster, das ein besonderes Fenster ist, besitzt es doch, wie ein bekannter Filmregisseur irgendwann, irgendwo einmal schrieb, kein Glas, es ist, scheint es, ein Loch, eine Öffnung, die wie ein Fenster aussieht. Dieser Schein ist schön und beunruhigend zugleich. Ist das Fenster kein Fenster, so blicken wir vielleicht nicht, wie es scheint, hinaus auf ein Schwarz, ein Grün und ein Eckchen Blau, sondern bloß auf den recht eckigen Anteil eines Innenraums. Ist der Ausblick auch fremd, frei, fern, wild und anders, ist er doch nicht ganz stimmig, nicht ganz wirklich, und mein unmittelbarer Eindruck, als ich das Bild zum ersten Mal ansah, war, dass ich nicht wusste, woher das Licht eigentlich kommt, schien das Außen doch weniger der Ursprung des Lichts als vielmehr dessen Gegensatz. Und denke ich an den eigentümlichen Titel – *Sun in an Empty Room* –, der diesen Argwohn bestätigt, in dem er nicht vom Licht im Raum spricht, sondern die Sonne – anstatt im Außen – im Innern lokalisiert, so scheint mir auch in der Liebe die Liebende erst *im* Innen des Anderen, des Geliebten, Lichtquelle zu werden, draußen im Eigenen hingegen von felsigerer, schwererer, freierer, wilderer, uneinheitlicherer, uneindeutigerer Natur. Und *ergibt* sich das Licht nicht in der Tat erst im Raum, und ist es also keineswegs falsch von dem Maler, die Sonne selbst darin zu vermuten, mit-zu-verorten? Im Titel, *Sun in an Empty Room*, den Worten des Malers, finden wir das gigantische Gestirn im leeren Raum vor. Das Wortlose hingegen ist leichter, das Wortlose ist das sonnenvergessene Licht, das in unserem Aufeinandertreffen auch scheint, auch leuchtet, auch wärmt, viel eher aber noch bloß da ist, schön ist, hier ist, alles ändert.

Rauchzeichen

Wäre es ein besseres Sprechen, besseres Schreiben, wenn die Sprache so reduziert und gleichsam doch intensiviert wäre wie die Farbpalette der Küste? Sand: hell (trocken) und dunkel (feucht) und glänzend (nass), Meer: hellblaugrau, dann blaugrün, dann dunkelblaugrau am Übergang zum grauen oder gelbgrauen oder blauen, hell- oder dunkelblau, oder schwarzen Himmel, weiße Ränder der aufbegehrenden und dann zuletzt doch immer nur harmlos heran- und wieder von dannen rollenden Wellen und der keine Farbe besitzende Horizont. Was ist aber mit den schillernden Oberflächen, den angespülten Quallen, die weder tot noch lebendig scheinen, in denen ich, ein wenig belustigt, ein wenig entrüstet, mein schemenhaftes Spiegelbild erkennen kann, und den unzähligen Farben der halb ovalen Streifen auf den unter den Füßen knirschenden Muscheln und dem roten Fleck seitlich des Möwenschnabels? Was mit den Sandkörnern im Wasser und im Wind, mit der Luft im Wellenschaum, dem Wasser in den verschiedensten Tiefen des Sandes und in kleinen, kleinsten Tröpfchen auch noch dort in der Luft, wo das Meer kaum noch oder allemal sehr selten hingelangt? Reduktion ist womöglich doch immer bloß Illusion und ein Werkzeug der Wahrnehmung. Denn egal, wo ich mich am Meer befinde, ich werde von all seinen Schichten heimgesucht, ständig, und ihre Spuren verbleiben sogar beharrlich bei mir, nachdem ich dem Meer den Rücken längst zugewandt habe. Und nicht anders die Sprache: Sie ist immer mehr, und wer ihr den Rücken zuwendet, vorübergehend, ist ebenfalls jedes Mal ein wenig mehr. Jedes Wort enthält Spuren aller Schichten der Sprache in sich, verweist spielerisch aufs Ganze, steht nie allein.

Tinte und Sirene

In der Sprache scheinen uns unsichtbare, stimmlose Sirenen immer wieder an gleichermaßen riskante und erfüllende Orte zu rufen, und ohne ihren Ruf wären diese Orte womöglich unauffindbar.

Diese Orte in der Sprache sind abseits und doch mittig, das in der Sprache topologische Äquivalent zum *Mittag*. Die Sirenen locken mit dem Versprechen, das vermeintlich Monolithe zerschellen zu lassen, die klaren Konturen aufzubrechen, die Wunden des Wracks mit Zungen aus Licht zu lecken. Sie locken mit dem Versprechen absoluten Vergessens, auch Vergessen des Selbst. Doch die Orte, an die uns die sie eventuell behausenden, eventuell auch bloß besuchenden, eventuell sogar ebenfalls von namenlosen und uns daher unbekannten Wesen angelockten Sirenen rufen, diese Orte verlieren alle Inhalte ihrer Versprechen im Moment unserer Ankunft, und es bedarf keiner weiteren Gewalten, denn angesichts der uns durch die Finger rinnenden Versprechen wird es still, und mit dem Zerschellen unseres Namens enden wir willig und werden Teil des mächtigen, leblosen Sprachkörpers.

Eine Stimme ist vor dem Antlitz der Sprache so machtlos wie die verschriebene, getrocknete Tinte, die es wagt, dem Meer zu nah zu kommen. Die Ohnmacht der Tinte in diesem Moment rührt, fraglos, auch daher, dass es mehr Wasser gibt als Tinte. Primär aber ist sie machtlos, weil das Wasser eine Gleichgültigkeit besitzt, mit der es die Tinte nicht aufnehmen kann. Und so ist es womöglich auch die

Gleichgültigkeit im Ruf der Sirene, nicht dessen Schönheit, die uns anzieht und zum Verhängnis wird, während es unseren Rufen nie gelänge, eine Sirene in Versuchung zu bringen.

Ein ungleiches Spiel ist es, das die Sprache mit uns spielt, und wer in ihr einen Spielgefährten gefunden zu haben meint, versteht nicht den Unterschied zwischen dem See und der See, zwischen dem unbedarften Schwimmen in Ersterem und jenem in Letzterer.

Ob in die See gegossene Tinte verloren ist oder bleibt, ob sie, zuweilen, auch dort *Bleibendes stiftet*, kann vom Strand aus nicht entschieden werden und ist eine Frage, die die Sirenen in anteilnahmsloses Gelächter ausbrechen lässt, bevor sie, unsichtbar und stimmlos, wieder zum Ruf ansetzen, uns schmeicheln und in das Chasma der Sprache hinabziehen.

Gegenwart und *Gegenwort*

Die Angst, die Sprache zu verlieren, ist allgegenwärtig.

Wie bei jeder allgegenwärtigen Angst handelt es sich auch hier nicht um eine Prophezeiung, sondern um einen Fluch. Während Furcht die Möglichkeit der Flucht nicht ausschließt, ist die Folge von Angst immer nur Versteinerung. In der Versteinerung ähneln wir der Sprache zwar, sind ihr aber dennoch *plötzlich* unfasslich fern. Aller Freiheitsgrade der Bewegung bereits beraubt, entziehen sich nun auch – und das wiegt schwer, bedenkt man das unscharfe Objekt der ursächlichen Angst – jede Berührung und Fähigkeit zur Berührung. Man mag einwenden, dass selbst der Stein Objekt einer Berührung sein kann, und im Berührtsein einen Trost sehen, aber Berührung im eigentlichen Sinne setzt eine Gegenseitigkeit, eine Aktivität und Passivität an beiden Enden der Berührung, voraus. Die Gegenseitigkeit ist nicht zu verwechseln mit einem Gleichgewicht des Berührens und Berührtseins auf beiden Seiten; das Ungleichgewicht von Berührungen macht, im Gegenteil, gerade ihren Reiz und ihre Wucht aus. So auch die Berührung mit der Sprache, eine zutiefst ungleiche Berührung, bis wir ihr, aus Angst vor dem Abbruch, ein verfrühtes Ende bereiten und dabei sprachgleich und sprachfern steinern in die Isolation sinken.

In unserem Körper lebt, wenn die »Angst« vor dem Verlust der Sprache einen Grenzwert nicht überschreitet (erst beim Überschreiten des Grenzwerts sollte eigentlich von Angst die Rede sein), ein Sprachkörper. Solange die

Sprache an unserer Seite und in Berührung mit uns ist, besitzt der Sprachkörper eine beinahe magische Resistenz gegen die Zeit, die eine Schwester der Sprache ist. Die Zeit ist die unerbittlichere, die pedantischere Schwester der Sprache, und wie so oft bei Schwestern erregen die Unterschiede Neid. Die Zeit perlt am Sprachkörper ab, wie Wasser an Entenfedern abperlt. Das macht die Zeit rasend, und sie versucht, wo es nur möglich ist, den Körper für die Resistenz des symbiotisch in ihm existierenden Sprachkörpers zu strafen. Schicht für Schicht treibt sie den Zerfall des Körpers voran, Schicht für Schicht, bis hinab zu den Träumen, bis auch der innerste Traum, von der Zeit verhöhnt, zerbricht. Und das ist vermutlich die Quelle des Zwists zwischen dem Körper und der ihm eigenen und doch von ihm autonomen Sprache. Eigentlich ist die Symbiose von Körper und Sprachkörper eine der wenigen Hintertüren zur absoluten Verlust- und Selbstlosigkeit, tatsächlich aber ist sie meist gekennzeichnet durch ein unermessliches Zurückschrecken. Die Skepsis gegenüber der Symbiose ist ein Geschwür, ist ein trojanisches Pferd, in dem die Zeit sitzt und lachend in unser Innerstes eindringt, wenn wir es am wenigsten erwarten.

Bestäubungs-, Betäubungs- und Erstickungsgefahr

Unterliegt das Geschriebene der Zeit? Gibt es eine letzte Niederlage der Sprache gegenüber der Zeit? Legt sich auf das Geschriebene mit der Zeit eine Staubdecke – und wäre dem so: Wo stammte, wo rührte die Staubdecke dann her? Etwas wird von der Zeit wohl anderswo abgetragen, fliegt federleicht und nahezu unsichtbar einen Augenblick in der Luft und legt sich dann auf das Geschriebene – oder legt es sich zum Geschriebenen? Es ist denkbar, dass das nackte Geschriebene eben auf diesen sich erst mit der Zeit zu ihm legenden Staub sehnend wartet wie auf einen noch unbekannten, letzten Liebhaber. Der aber wird mehr und mehr, bis das Geschriebene kaum noch die Hand vor den Augen sieht, zu bedeckt die Hand, zu bedeckt die Augen von dem immer noch, stetig mehr werdenden Staub. Der Staub ist – im Gegensatz zum Geschriebenen – heimatlos. Die Symbiose ist obligat. Und doch auch fatal. Immer seltener verkehrt das Geschriebene mit dem Leser, dieser prekären und doch treuen Heimat. Das Geschriebene und der Leser verlieren einander aus den Augen. Selbst beim Schreiben kann dieser Prozess bereits einsetzen. Was gerade noch Frage war, verschwindet unter vorschnellen Staubpartikeln, und die folgenden Sätze vergessen die Frage, vergessen das Fragen, werden taub sich selbst gegenüber.

Kann Sprache stauben, zerstäuben, bestäuben? Was wäre Sprachstaub? Der Mensch vielleicht. Womöglich sind unsere Existenzen nichts anderes als die Mehrung von Sprachstaub – ihr Ende dem eines zwischen den flachen Händen zerriebenen, zermahlenen, filigranen und komplexen Schmetterlings vergleichbar. Vom Menschen bliebe, zerrieben, nichts als Sprachstaub, zermahlen, nichts als Sprachspreu, mehr oder weniger, kein Mehl, nur die Mühe, das Mahlen, Spreu und Staub. Wenn wir sprechen, bestäuben wir die Existenz des Zuhörenden. Sprachstaub kann gleichermaßen verstecken, bedecken, zudecken, befruchten, aber auch ersticken. Vielleicht ist das der un-eigentliche Grund der Endlichkeit unserer Existenzen, das Ersticken am über die Zeit angesammelten Sprachstaub. Wir zermahlen uns zu Sprachstaub, indem wir sprechend leben, und gehen dann an ebendiesem Sprachstaub zugrunde. Das heißt allerdings, dass wir, wenngleich geringfügig, im Leben mehr sind als das, was zwischen den Händen zu Sprache zerrieben wird und zerfällt, nämlich das, was nicht zerfällt, was sich müht und also zu ersticken vermag.

Der letzte Leser

Viele Leser gibt es nicht, und dennoch machen sie aus dem Schreibenden ein vielköpfiges Wesen, das in üblichen Räumen fortan nicht mehr zu Hause sein kann. Die Aufspaltung des Kehlkopfes in viele kleinere mindert die Stimmgewalt und die Stimmigkeit der Geschichten und Gedankengänge. Die sich überkreuzenden Echos, die auf das Geschriebene antworten und doch der entscheidendsten Eigenschaft einer Antwort entbehren, machen das Schreiben am Tag nahezu unmöglich. Man wundert sich, tags, über die Angespanntheit des Schreibenden und seine Fehleranfälligkeit, schilt ihn, zu leise zu sprechen, nennt sein Huschen gespenstgleich und fürchtet sich beinahe vor ihm, ohne jedoch von seinen Worten abzulassen.

Erst wenn der letzte Leser sich zu Bett gelegt und sich das Vergessen gleich einer Decke übergeworfen hat und in dieses Vergessen gewickelt sich regeneriert vom Konsumieren der Worte, dann wächst aus der Stille und der Angst und Erregung angesichts des auf dem Körper des Lesers aufliegenden, kaum merklich im präzisen Rhythmus sich abwechselnd hebenden und senkenden Vergessens ein schmerzvoller Hunger zu schreiben. Erst wenn die Leser schlafen, wächst das Bedürfnis zu schreiben, heilt der tagsüber zersprungene Kehlkopf, kann der Schreibende seine Grundbedürfnisse nach Bewegung und Berührung im leisen Spiel mit der Sprache stillen. Zu ausgelassen das Spiel, und ein Leser könnte aufwachen, zu ausgeglichen, und es drohte die Stagnation des

Spiels, der Rückzug der Sprache, der Verlust des Spielzeugs, das zugleich imaginierter Spielgefährte ist. Fernab des Ursprungs, auch das Land hinter sich lassend, welches die Leser bewohnen und das ihnen gehört, kehrt der einsame Spieler in seinem nächtlichen Münden, schreibend, stets aufs Neue heim.

Und dabei liebt der Schreibende den Leser und das Licht und die hellen Flächen um das Lächeln des Lesers, auf denen die Lichtstrahlen und der Blick des Schreibenden ruhen; nicht ganz ohne Schuldgefühle, wie beim unbemerkten Niederlegen auf einem makellos gemachten Bett in der Mitte des Tages.

Wo sonst aber sollte er ruhen? Und wann kann schlafen, wen es zu schreiben drängt?

Grenzlosigkeit

Im Kopf sind Berührungen quer durch die Zeit möglich. Im stillen Kopf ist alles sagbar, alles kann jedem zu jeder Zeit, auch wenn diese Zeit bereits vergangen ist und das Gegenüber sich nie zu- oder schon längst abgewandt hat, gesagt werden. In meinem stillen Kopf nehme ich deinen Finger in den Mund, und alles sagt sich im kurzen Aufeinandertreffen der Blicke, ein Dialog unter Wasser, gekennzeichnet durch die Notwendigkeit, aufzutauchen und alles zurückzulassen.

Ist gelebte Liebe das Schreiben in Wasser, so ist die unausgesprochene, ungelebte, ungeteilte Liebe das Sprechen unter Wasser.

Im Kopf besuche ich dich an diesem Abend, und wir kippen seitlich hinaus aus der Zeit und dulden keine Details außer der einen Kleinigkeit, die ich so häufig am Rand deiner Blicke aufgelesen und vorsichtig in meine Manteltasche habe gleiten lassen. Äußerlich aber ruhe ich, wie sommerüber in den Taschen eines ungetragenen Mantels vergessen, in Abgeschiedenheit.

An der Einsamkeit entzündet sich manchmal eine helle Sehnsucht, die doch so aussichtslos ist wie ein über die Wellen gehaltenes, kurzes Streichholz, und man mag sich fragen, wie es einem überhaupt plötzlich in die Hand gefallen ist auf offener See. Vergeblichkeit ist aber gerad das rote Köpfchen der Sehnsucht, nicht? Und die Vorstellung deines ausgestreckten Körpers die lange Seite der Streichholzbox. Und ich, kleines Holzstäbchen, gerad so eben über die Wassergrenze gehoben, sich nur eben so erhaltend, gebe mich, denn dazu gibt es mich. Und wieder hat hier wohl mein Kopf die Zeit ausgetrickst, und all diese Elemente waren nie wirklich zur gleichen Zeit in der Nähe, um, wenn auch nur für einen kürzesten Augenblick, aufzuleuchten.

Augurenlächeln

»The monologue is her form of revenge.«

Wasser wird erst zum Gewässer, wenn wir uns ihm in einer beliebigen Weise zuwenden. Zuwendung kann das reine Wissen um die Existenz dieses »Gewässers«, der von seinem Rand aus auf es gerichtete Blick oder das Eintauchen ins, Berühren von, Bewegen durchs uns nun gewissermaßen gehörende, gehorchende Gewässer sein. Die Zuwendung geht mit einer Aneignung einher, einer konturlosen Aneignung, einer Teilhabe, Anteilnahme, Besitznahme.

Auch die kleine Metamorphose des Sprechens zum Gespräch bedarf der Zuwendung, eines Netzes aus Zuwendungen. Im Gespräch allerdings ist es unerlässlich, ein Gespür dafür zu wahren, wer oder was das Netz sein und wer oder was das Netz knüpfen und halten will und soll, denn Verwechslungen können fatal sein. Obgleich das Gespräch ein abwechselndes Sprechen (auch Flüstern) und Hören (auch Horchen) ist, bleiben die Sprechenden doch zu jeder Zeit die Subjekte des Gesprächs und können sich nicht – weder als Sprechende noch als Hörende – zu bloßen Objekten des Gesprächs machen, denn anders als beim Sprechen oder Schreiben braucht das Wort im Gespräch stets ein sattelfestes Subjekt. Anders auch als in anderen Bereichen des Miteinanders, wo die Objektivierung essenziell ist und ein Miteinander ohne menschliche Objekte, ohne Hingabe und Passivität einen zentralen Reiz verlöre, scheint im Gespräch (ähnlich wie in der Erhaltung der eigenen Lebensfunktionen) ein strengerer Gesetzgeber vom Rande in der Ferne zu walten und uns die Selbstaufgabe zu untersagen. Die Strenge dieses Gesetzgebers entspricht seiner ungeteilten Aufmerksamkeit und ernsten Zugewandtheit. Seine Strenge und Zuwendung entspringen dem Wissen um die Obacht, Geduld und Mut gebietenden manischen und dämonischen Tendenzen des Sprechens und dem Wissen um die Wildheit der unbenannten Worte. Das Gesetz, ein seltsames Gesetz, beginnt mit einer Präambel, auf die nichts weiter folgt. Das Gespräch ist tätiges Gesetz, seine einzigen Hüter sind die Gesprächspartner, und der Gesetzgeber lächelt, wenn er an die Präambel denkt: *Gespräche finden zwischen den Trägern von Namen statt. Im Gespräch sind alle Wörter Namen. Das Gespräch ist, durch und durch, Anspruch und Ertrag.*

Wer Namen nicht nennt, sie vorenthält, Rätsel stellt, Botschaften übermittelt, Geschichten erzählt, orakelgleich spricht oder wirksame Urteile fällt, entfremdet sich und entfremdet so jedes Gespräch, hebt es aus den Angeln und hinterlässt eine abschreckende, türlose Lücke in der Wand. Selbst den sich entgegensetzen wollenden Fragen und Widerreden ist eine Lücke ohne Tür unheimlich, wundscheu berühren sie die Wand höchstens flüchtig. Die Sphinx führt nie ein Gespräch, ebenso wenig Iris, Pythia, Justitia, Sylvia. Angesichts der Lücke in der Wand – als sei eine Wunde eine Warnung – wird nach Wille und Wunsch gar nicht erst gefragt. Weder nach Wunsch und Wille der übergroßen, gesprächsverweigernden Sprecherinnen noch nach jenen ihrer Gegenüber, die immer Mittäter sind, indem sie sich von vornherein dem nie zustande kommenden Gespräch entziehen. Ohne das Netz des Gesprächs verkümmert die Gabe ihrer Sprachen zum Gegenstand, verkümmert das Spiel miteinander zum einseitigen Konsum, verkümmert der Tanz zum Theater, verkümmert das Feld zur Bühne. Oder womöglich handelt es sich nicht um ein Verkümmern. Womöglich handelt es sich um einen Racheakt. Motiv und Motivation des Racheakts bleiben meist als Teil der Rache unausgesprochen, die Rache selbst dem Rächer unbewusst. Der Rächer ist ein wild gewordener Richter.

Das Sprechen, dem das Zustandekommen des Gesprächs versagt bleibt oder welches es verhindert, ist der Monolog. Der Monolog macht aus dem Gegenüber ein Objekt, braucht aber dennoch ein zweites Subjekt, um die das Sprechen erst ermöglichende Spannung zu erzeugen. Der Monolog erhebt folglich seinen Inhalt oder seine Form (oder beides) zum zweiten Subjekt, zum unbelebten Gegenüber des Sprechenden, und speist sich aus der Differenz zwischen Sprecher und Gesprochenem, während der dem Monolog Ausgesetzte (als Opfer) oder der den Monolog Konsumierende (als Mittäter) zunehmend blasser und satter wird.

Im Monolog verlässt das Wasser das Gewässer, flutet form-, skrupel- und schamlos die terrestrische Welt. Oder ist eine Flut ein Gewässer? Können wir uns zur Flut in einen Bezug setzen, der nicht Überflutung heißt? Vom Land aus oder schwimmend oder aus der Vogelperspektive, aus der Luft, von oben? Oder in einer Gegenoffensive,

Flut gegen Flut? Denkbar scheint kein Umgang mit einer Flut. Aber vielleicht ist mehr möglich, als denkbar ist, nicht nur die Wiederauferstehung, sondern gar das Wieder-Aufstehen - das aber wäre ein wahres Wunder, das Aufstehen, der Aufschrei, das Aufbegehren des Objekts, das Objekt als Begehrendes, und könnte womöglich die Flut besänftigen.

Schneefelder

Schreiben über Sprache .. die Sprache sich über die Sprache beugen lassen .. Sprache als Subjekt und Objekt, als Liebhaberin und Geliebter zugleich – Inzest!, flüstere ich, schreie ich, und kann mich doch nicht abwenden. Inzest!, schreibe ich und wiederhole den inzestuösen Akt genussvoll und angewidert und wiederum genussvoll. Sprache und Sprache .. steinern, fremd, monolith, hermetisch und doch auch, verführerisch, ein schimmerndes Spiel auf der Oberfläche, unbeeindruckt von Rauheit und Tiefe: Opaleszenz. Ein riskantes Spiel, denn der Opal zerspringt schon bei minimalster Anwendung von Druck.

Immerzu verpassen sich die, die Wasser in Wasser, Licht auf Licht, Stein an Stein gewesen wären. Immerzu verpassen sich die Liebenden zeitlich und räumlich, und stehen sie einander gegenüber, wagen sie es nicht, den Blickkontakt aufrechtzuerhalten. Aus Angst vor den Implikationen der ersehnten Berührung und aus Angst vor den Implikationen der bloßen Sehnsucht wenden sie sich voneinander ab und kehren zurück in die geregelten Bahnen. Perfekte Parallelen sind die schmerzloseste Bewegung, die zwei Liebende ausüben können, denn das tatsächliche Aufeinander-Zu und Voneinander-Weg rüttelt die Phantasie wach. Und die Monstrosität der Phantasie kennt keinesgleichen. Sie ist ein sanftäugiges Monstrum und ein blutrünstiges Fabelwesen und ein regelloses Tier, ein leidenschaftliches Kind im Körper eines apathischen Altruisten, eine fremde Sprache. Die Phantasie ist zu abgründig, zu abartig, zu kurzatmig, zu machtlüstern, und so wird sie in einen traumlosen Schlaf gesungen, und so wird von jedem Äquivalent zu ihren Bildern und Szenen ein gleichmäßiger Abstand genommen.

Das Aufeinandertreffen von Liebenden, deren Phantasien einen nahen Verwandtschaftsgrad besitzen, ist zwar unmittelbar spürbar, aber beim wechselseitigen Aussprechen der Monstrositäten, bei der Entfesslung des Monstrums, dem Erwachen des Fabelwesens, der Übersetzung der fremden Sprache geschieht ein Urverbrechen: Zwei Entitäten brechen auf, und flutend, blutend wird das Verbot gebrochen, wird aus Subjekt Objekt, aus Objekt Subjekt, wird die Phantasie befriedigt: die Begegnung mit einem anderen Selbst, zweiten Selbst, die Einverleibung des unersättlichen fremden Blicks, das Eindringen eines Fremdkörper-Selbst, Eindringen in ein Fremdkörper-Selbst, die Unauftrennbarkeit des Gleichen und Nicht-Selben, Hingabe an die Hingabe, Selbst-Zeugung, Selbst-Geburt, Inzest .. und doch flüstert man nicht und schreit man nicht, und so bleibt, wenn sich die Sprache über die Sprache beugt, nur zu sagen: Neugierde, Verlangen, Liebe.

Was gerade noch so nah und unauftrennbar war, gleitet beim Schreiben durch die Finger, noch bevor die Tinte getrocknet ist. Das Vokabular, das für einen kurzen Augenblick die Sprache aus sich selbst heraus, sich gegen sich selbst richtend, aufzubrechen schien, liegt brach, wirkt blass und befremdlich. Befreit von der Phantasie löst sich die Anspannung, und derartig, artig, abartig befreit und entspannt steht der Mensch mit dem in sich bei lebendigem Leibe begrabenen Tier in einer Wüste, die sich rühmt, ihm in keinster Weise zu gleichen, und befreit und entspannt lässt die Sprache von sich selbst ab und rühmt sich der ihr in keiner Weise gleichenden Handlungen und Charaktere, die sie mit sich bekleidet, um keine Scham empfinden zu müssen. (Das Missverständnis ist, »Lesen« sei die allmähliche Entkleidung der Handlungen und Charaktere, wenn doch eigentlich »Lesen« die Entkleidung von innen her ist, bis bloß der selbstlose Sprachkörper, die enthüllte Hülle, dasteht vor dem Leser, beide Subjekt und Objekt zugleich, und den Sprung aus der Parallele wagt und wieder das sanftäugige Monstrum, das blutrünstige Fabelwesen weckt. Dann sehe ich für einen Moment eine Tür in der Wüste und weiß, dass ich nicht allein bin.)

Makellosigkeit des Meers

Am Meer ist alles etwas einfacher. Das Meer ist zweifellos eine Instanz, der sich hinzugeben nichts mit Hörigkeit zu tun hat, und im Schatten des Meeres herrscht Einvernehmlichkeit hinsichtlich aller Entscheidungen. Die Reflexion löst sich in eins auf, der Mensch am Meer ist einheitlich, sein Bezugspunkt, sein Gegenüber, sein Objekt und sein Meister ist das Meer, das nun »*Herr im* [...] *Haus*« des sich bei ihm aufhaltenden Menschen ist. Befreit vom Selbstbezug sind die Hände kräftiger, die Arme fließender, die Beine entschiedener, Blicke und Begriffe zweifelloser, hingabevoller, unbeschwerter. Bewegung und Berührung existieren gänzlich unrelativiert, sie werden vorgegeben mit einer festen, sinnlichen Stimme, die sich dem Widerspruch entzieht. Das Meer hat keine Macht über Entfernungen und keine Vorstellung von Veränderung. Die Ergebenheit ist makellos.

Andernorts herrscht Willkür. Gelegentlich wird diese Willkür als eine andere Art der Leichtigkeit empfunden, obgleich sie insgeheim alles Leichte gefriert und bricht. Anders als die unbedingte Instanz, die das Meer darstellt, sind die übrigen Instanzen flüchtig. Statt mit ihnen selbst befinden wir uns in ständigen Verhandlungen mit ihren uns innewohnenden Statthaltern, die nicht eigentlichmächtig sind und daher nach Macht gieren und skrupellos ihre Machtkämpfe an Statthalter-Schauplätzen austragen im Wettbewerb um unsere volatile Loyalität. Die Anzahl an willkürlichen Instanzen scheint unbegrenzt, ist es aber nicht, ist es kaum. Die Instanzen, die an uns zerren, weil sie - im Gegensatz zum Meer - ohne uns nicht Instanzen wären, verzehren ihren eigentlich am längeren Hebel sitzenden Teilzeituntertan. Sie schwächen ihn, indem sie ihn enttäuschen, und entziehen sich im entscheidenden Moment, sodass der Hörige nun in den Selbstbezug, ein Sein ohne Instanz, zurückverfällt, aus dem bekanntlich nichts wächst als ein Baum voller Äpfel, die verdammt sind, Symbol zu bleiben, mit unermesslichen Konsequenzen, aber doch ohne jemals den Hunger zu stillen, den es im Selbstbezug auszuhalten gilt wie das Nagen des Adlers, das Rollen des Steins, das Irren des Schiffs, den Verlust der Geliebten aus Sorge und Sehnsucht in letzter Sekunde.

Das Meer verspricht nichts und bietet nichts an und ermächtigt uns doch, den Hunger zu stillen, der göttlichen Strafe zu entrinnen, Mensch zu sein in der Deckungsgleichheit des Zwangs und des Willens.

Käfer im Käfig: Exil, Enklave, Exoskelett

Der Sprache verschreibt man sich, obschon dies in gewisser Weise einem »Pakt« mit einem »Teufel« gleicht, lange vor dem Erreichen eines Alters, das angemessen wäre, ein solches Bündnis einzugehen. Wer sich der Sprache verschreibt, ist noch Kind. Das in diesem Moment aus der Aufgehobenheit verbannte Kind rennt die Treppen hinab in die Tropfsteinhöhle und herrscht dort fortan wüst, wild, verspielt, oben bleiben nur Vorhänge und Worte. Die Treppe aber versperrt ein Fabelwesen, über dessen Herkunft nie gesprochen wird.

Einmal der Sprache verschrieben, ist eine Loslösung nur gewaltsam denkbar. Infolge der Loslösung von der Sprache würde die Innenwelt irreversibel kollabieren, denn aufgrund des frühen Bündnisses hat sie sich kein eigenes Gerüst gebaut, sondern wird lediglich durch die Außenwelt aufrechterhalten, mit der sie vermittels der Sprache verbunden ist. Solange sich Sprache im Spalt zwischen Innen- und Außenwelt befindet, können diese aneinander entlanggleiten, fallen nie auseinander und liegen entlang ihrer gesamten Oberfläche aufeinander auf.

Wer sich der Sprache verschrieben hat, lebt weder in der einen noch der anderen Welt, und »innen« und »außen« verlieren an Bedeutung, werden zu Schichten, der Verkehr zwischen den Schichten lässt sich gleichermaßen erzählen und erleben. Selten, sehr selten, wohnt einem Moment so viel Licht und Wärme inne, dass die Schichten, reversibel, verschmelzen. Ein solcher Moment ereignet sich. Ereignis ist das Entrinnen aus dem pneumatischen Spalt zwischen der Welt der Worte und der Welt der Wortlosigkeit.

Exil und Enklave zugleich ist der Spalt, in welchem ich – sprechend – zusammen- und aufrechthalte, was mir auferlegt ist, aneinander haften zu lassen. Ich bin nichts anderes als die enge Verbindung, nichts anderes als die ernste Verhinderung des Kollapses der einen oder der anderen Welt und also auch meiner selbst. Wie in eine lebenslange Mausefalle lockt das glänzende Wort, welches das Kind einem basalen Bedürfnis folgend ergreift, in dieses teuflische, pneumatische System. Die Aufgabe ist, der Falle zu Folge, nicht aus der Falle zu entkommen, sondern selbst zur Falle zu werden.

Wer sich der Sprache verschreibt und somit selbst zum Lockvogel und Käfig wird, lebt weniger prekär, hat aber unvermeidbar Blut an den Federn und Stäben. Wer sich der Sprache verschreibt und sich weigert, zu locken, zu fangen, zu vereinnahmen, zu verbrauchen und zu verwandeln, muss permanent die statische Stärke beweisen, in einem Spalt zu verharren, in Berührung mit allem und dennoch unbeteiligt am Einen und unbeteiligt am Anderen. Sprache an sich hat keine Tiefe, ist an sich blass und schwach und unfruchtbar, hat es aber dennoch an sich, das ihr fernste Geschöpf ausmachen zu können und sich daran zu ketten, als sei das menschliche Paradoxon nichts als ein der Sprache gerade zurechtkommendes, herumliegendes Paar Handschellen. Sprache liebt Spiel, liebt Entfremdung, liebt Macht, liebt Liebe. Die Sprache spielt skrupellos mit dieser geliebten, ihr ausgelieferten, ihr sich ausliefernden Kreatur, dem Menschenwesen, und es liebt sie zurück, es spielt mit. Und doch bleiben sich Sprache und sprachbegabtes Wesen fremd.

Das furchtsame Kind fürchtet beinahe alles, insbesondere das Fremde, nur nicht das Fremdeste. Das furchtsame Kind kann alles Fremde mit seiner Phantasie zum Gegenstand der Furcht machen, die Sprache aber entzieht sich dieser Phantasie und entkommt so der Furcht des Kindes. So wendet sich das Kind der Sprache zu, wird von ihr an sich gekettet. Es hört auf zu bauen und zu wachsen, stattdessen baut und wächst fortan die Sprache, und mit ihr wächst die Berührungsfläche. War die Sprache gerade noch nur ein Tropfen, ist sie bald eine ausgedehnte, tiefenlose Flüssigkeit, die zwei Oberflächen miteinander vermählt und in der der Mensch furcht- und rastlos schwimmt.

Das Kind ist in letzter Sekunde die Treppe hinabgerannt in die hallenden Tropfsteinhöhlen. Auf der Treppe aber steht ein Fabelwesen und versperrt den Weg in beide Richtungen.

Kind und Phantasie

Die Phantasie ist ein Kind.

Man muss acht auf sie geben, so zart ist die Phantasie, so stets noch im Werden begriffen, so selbstvergessen. Man muss sie gänzlich und bis an ihre äußersten unsichtbaren Grenzen bejahen, solch ein Geschöpf, solch ein Wesen ist die Phantasie, solch ein Gewächs, solch eine Eigenständigkeit und Gegenwärtigkeit. Man muss sich auf das ihr eigene Regelwerk einlassen, ohne allerdings die Tür zufallen zu lassen, durch die hindurch man zum Kind kommt und zum Kind kommend zum Kind wird, so ausgelassen ist die Phantasie, so wild, so anders. Man muss Wehmut empfinden, wann immer man sie davongehen sieht. Wie das Kind als Kind so wird auch die Phantasie einmal nicht mehr als Phantasie zurückkehren, es ist ungewiss, wann das geschieht, doch dadurch schließt sich eine Tür, und die Realität und ihre Regeln und Richtung werden zum ausweg- und ausnahmelosen Raum.

Die Geburt der Phantasie, ebenso wie die Geburt des Kindes, ist ein einmaliges Ereignis.

Es kann keine Rückkehr an den Beginn der Phantasie oder den des Kindes geben, weder für den Empfänger der Phantasie noch für den Empfänger des Kindes. Es gilt, von diesem Wunder sich abzunabeln und einen Umgang mit der Welt zu finden, in die hinein das Kind oder die Phantasie geriet, in der es und sie neu sind, obgleich sie in jeder Hinsicht im Vorhinein und immer schon im Bezug standen zu dieser Welt, mit der es einen Umgang zu finden gilt. Der Umgang mit der Welt ist die erste Voraussetzung für das Überleben sowohl des Kindes als auch der Phantasie. Der Umgang mit der Welt durch das Kind oder die Phantasie ist eine Intensivierung alles darin Vorgefundenen, und doch sind Kind wie Phantasie Enklaven in dieser Welt, Parallelen zu dieser Welt.

Die Phantasie ist keine Welt.

Die Phantasie verläuft parallel zur Welt, ist aber keine sogenannte Parallelwelt, und liegt und lebt, obgleich sie ihre Parallele ist, doch auch mitten in der Welt. Die Phantasie pocht. Sie pocht auf ihre Position. Obgleich die Phantasie lebendiger ist als die Welt, da sie durch sich stets zugleich gebiert und geboren wird, ein Prozess, der – gemäß der grundsätzlichen Andersartigkeit der Phantasie – der Geburt in der Welt nicht vergleichbar ist, ist sie dennoch nie eine Situation und nicht einmal Aspekt oder Akteur einer Situation oder auch bloß Alibi, um die Abwesenheit eines Akteurs in einer Situation zu belegen. Diese Tatsache stimmt, wird aber der Phantasie nicht gerecht.

Nichts wird der Phantasie gerecht.

Die Phantasie wird häufig verwechselt mit Gedanken oder Gedankenspielen. Ein Trägerkleid, ein Spielzeug, ein Mäntelchen, eine Bastelei, ein Spiel hingegen würden wir nie mit dem Kind selbst, das ein Trägerkleid, Spielzeug, Mäntelchen trägt oder in eine Bastelei, ein Spiel sich versenkt, verwechseln. Die Phantasie ist nackt, hält nichts in den Händen, ist nicht mit etwas beschäftigt, nicht von etwas vereinnahmt. Die Phantasie wächst und wandelt sich, aber sie bleibt ein Wesen und verbleibt somit in einem steten Werden. Sie ist nicht ihre Geste, ihre Gebärden, ihr Aufbegehren am einen Tag, ist nicht ihr Gegenstand, ihr Überwurf am anderen Tag oder ihr Tanz am dritten oder ihr Kampf am vierten oder ihr Spiel am fünften Tag. All diese Äußerungen der Phantasie sollen uns nur auf sie aufmerksam machen. Denn die Phantasie benötigt unsere Aufmerksamkeit. Doch diesen Äußerungen gelten nicht die zu Beginn geschilderten Empfindungen. Diese Empfindungen gelten nur der Phantasie selbst.

Meine Phantasie kann der Spielgefährte deiner Phantasie sein.

Hierzu müssen unsere Phantasien nicht notwendigerweise Ähnlichkeiten aufweisen. Schreibe ich dir, so spielt meine Phantasie mit deiner Phantasie. Wir stehen am Rande, beide mit einem Fuß die Tür zur Realität aufhaltend, beide jedoch in einem anderen Raum als der Realität, in welcher, so viel ist gewiss, andere Regeln gelten. Es bleiben als einzige Erinnerung an die Realität das Gemurmel hinter der Tür (das sehr leise sein kann) und dein Blick, den ich sehe, während wir einander gegenüberstehend dem Spiel unserer Phantasien zusehen, und mein Blick, den du siehst. Dein Blick hält deine Verbindung aufrecht zu deiner Phantasie, und mein Blick hält die Verbindung aufrecht zu meiner Phantasie, und so sind unsere Blicke nicht nur eine Brücke zwischen dir und mir, sondern auch

Brücken zwischen den zwei Parallelen, zwischen denen wir uns in der Intimität des zwischen uns stattfindenden Spiels wie in einem runden und sicheren und begrenzten Raum begegnen. Erst die Pfeiler unserer Blicke eröffnen diesen Raum, Raum für Innigkeit, der sonst unmöglich wäre. Die eine Parallele ist die Phantasie als Idee, und die andere Parallele ist die Realität als Idee. Zwischen diesen Parallelen können wir einander begegnen, indem wir unsere Phantasien miteinander spielen lassen, sodass sich unsere Realitäten berühren, einen Moment lang, in diesem Raum, beisammen und unabgelenkt von unseren Phantasien. Sind unsere Phantasien ins Spiel miteinander vertieft, so können du und ich zu zweit sein für einen Moment, wirklich und ohne jede Unwirklichkeit zu zweit, einander nah, allem anderen fern, zusammengehalten durch die in diesem Moment von uns ablassenden, in diesem Moment nicht auf uns angewiesenen, in diesem Moment nicht all unsere Empfindungen absorbierenden Phantasien, deine und meine.

Die Freundschaft zwischen Phantasien endet nie.

Die Freundschaft zwischen Phantasien ist eine nicht zu verwischende Spur der sonst so flüchtigen Intimität. Sie ist irreversibel. Hierin wird vielleicht auch deutlich, was gemeint ist, wenn ich schreibe, die Phantasie stehe in Bezug zur Realität, obgleich und weil sie parallel zu ihr verläuft. Das Irreversible der Freundschaft entspricht und widerspricht der Realität, wie wir sie wahr- und hinnehmen. Es entspricht, widerspricht auch dem Zwiespalt der

Zuneigung zu und dem Ablassen von der Phantasie, einem Zwie-Spalt, der weder Breite noch Tiefe besitzt. Wir lassen jedoch die Phantasie selbst in der Intimität, obgleich wir von ihr ablassen, nicht ganz aus dem Blick, und durch den Blick bleibt die Verbindung zwischen allen Ebenen bestehen, keine Erschütterung und kein Verlust finden statt, während unsere Phantasie uns vergisst für einen Moment und sich zusätzlich zu ihrer Selbstvergessenheit im spielerischen Ablassen von ihrem Empfänger verliert.

Die Phantasie kann auch mit sich selbst spielen.

Wie das Kind mit sich selbst zu spielen vermag, so ist auch die Phantasie in der Lage, sich innerhalb ihrer eigenen Grenzen zu verlieren und sich zu sich zu verhalten, als wäre sie sich selbst Selbst, Spiel, Spielregelwerk und Spielgefährte zugleich. Dieses Spiel geschieht unbeobachtet und doch im unbewussten Wissen um die Präsenz des Bewusstseins und Blicks ihres Empfängers. Das Allein-Sein, das Abgesondert-Sein, das Anders-Sein, das Abhanden-Kommen, das Allmächtige, das Anarchische, das Archaische, das Alles-Vergessende der Phantasie findet immer statt im unbewussten Wissen um die Gegenwart der und den Bezug zur Realität, die durch den ruhigen, zugeneigten Blick des Empfängers gewährt wird und gewährt bleibt. Die Phantasie mit ihrem ihr eigenen Regelwerk vermag unbewusst und dennoch mit Gewissheit zu leben. Es handelt sich um ein anderes Wissen als das Wissen, mit dem wir in der Realität operieren. Dieses Wissen der Phantasie ist vielmehr der Vorhang vorm als der Ausblick durchs Fenster. Denn es muss bedacht werden, dass die Phantasie von außen durch das Fenster hereinsieht, nicht von innen hinaus. Ist die Phantasie auch unser innigster Verbündeter, lebt sie doch nur flüchtig mit und in uns und ist im Wesentlichen wild.

Das Wilde ist der erste Wesenszug der Phantasie.

Und während Wildheit als beeindruckende Formen, Farben, Bewegungen und als unvermutete Anmut, Zartheit, Stärke erscheinen kann, handelt es sich doch in erster Linie um den der Phantasie eigenen Willen, ein letzter Funke an Fremdheit in allen Willensäußerungen, ein letzter Funke an Ferne in allen Vertrauensbekundungen, ein letzter, plötzlich nicht zu bändigender Funke in all der Zäumung des Feuers, die wir unternehmen aus Liebe und aus Angst und aus Staunen.

Stille und Schwelle

Ich stehe auf der Türschwelle und sehe in den dunklen Raum, in dem ich dich weiß. Um deine unvollständige Verschmolzenheit mit der Dunkelheit in diesem Raum weiß ich, noch ehe sich mein Blick hinreichend ans Dunkel gewöhnt hat, um deine Konturen zu erkennen. Auf der Türschwelle stehend, tastet mein Blick deine Konturen ab. Ich will die dir leicht von der Schulter gerutschte Dunkelheit zurechtrücken, damit du ganz zugedeckt bist. Doch ich bleibe auf der Türschwelle stehen, rühre weder dich noch die Dunkelheit an, sehe nur in den Raum und trinke euch in kleinen Schlucken.

Es ist dies ein stiller Moment, und doch spricht jede Schwelle. An der Schwelle werde ich gewahr, dass ich sprechend nie durch die Tür gehen und immer auf der Schwelle verharren muss. Dem Sprechen wohnt eine unbeabsichtigte, unfreiwillige Unentschiedenheit inne, obgleich Sprechen auch Wortwahl ist und also durchaus beabsichtigt und freiwillig sein könnte. Und in der Tat ist es eine offene Tür, in der wir – allemal an guten Tagen für die Sprache – stehen, wenn wir sprechen. Hinter uns liegt der hell ausgeleuchtete Raum unseres eigenen Schweigens, aus dem wir hinauszutreten versuchen, um die von dem permanenten Licht angestrengten Augen auszuruhen. Vor uns liegt der dunkle Raum, in dem wir, sobald sich der Blick einmal an die Dunkelheit gewöhnt hat, die Konturen des Anderen sehen – ein Sehen, das begleitet ist vom Sehnen.

Ich sehne mich danach, das Licht in meinem Raum eimerweise in deinen Raum zu gießen. Ich sehne mich, mehr zu sehen, den Lichtgradienten von dir zu mir zu verringern, ihm störrisch entgegenzuwirken. Sehne mich, die voneinander getrennten Räume in einer Ausgewogenheit der Lichtverhältnisse zu vereinigen.

Doch auf der Türschwelle sind mir weder Eimer gegeben noch den Eimer greifen könnende Hände. Und das Licht fließt auch nicht zu dir, sondern steht in meinem Rücken wie eine gigantische Welle, die sich über meinem Kopf ragend senkrecht aufgetürmt hat, im Sturz nach vorne begriffen scheint und dann aber nicht stürzt, nicht fällt, nicht weiter Welle ist, nicht verschlingt, nicht verklingt, das Land nie erreicht.

Nur sprechend kann ich, im Türrahmen gefangen zwischen mir und dir, dich in deinem Raum in deiner Dunkelheit zu erreichen hoffen. Und obgleich ich weiß, dass du um die Beschaffenheit der Tür zwischen dir und mir weißt, fürchte ich, dass du mir meine unfreiwillige Unentschiedenheit verübelst. Dabei, du weißt es ja vermutlich, ist die Entscheidung, in dieser Unentschiedenheit zu verharren, die womöglich größte Absicht – und der höchste Beweis einer solchen auf einen Anderen gerichteten Absicht –, die nichts zurückhält als die unfreiwillige Absichtslosigkeit des Sprechens.

»Is private ritual possible?«

Abends bin ich sprachmüde und denke dann, sprachlos, noch mal an den Morgen, sehe dabei das Wort *Morgen* in deiner Bleistifthandschrift, denke an dich, an deinen Körper, an unsere Körper, an meinen Versuch, der Zeit mit einem imaginären Revolver zu drohen, dass sie ja stehen bleibt – dann wärest du noch –

Die Vorstellung, dass sich zwei Parallelen im Unendlichen schneiden, ist in der Theorie anregend und reizvoll, real gedacht jedoch nur noch beunruhigend. Zwei solche Parallelen sind die Sprachlichkeit und die Sexualität. Sex und Sprache sind zwei vibrierende Geraden, die parallel zueinander sich aufeinander beziehen, ohne sich zu kreuzen, ohne sich kreuzen zu können. Eine Parallele schätzt die andere für ihre Geradlinigkeit, für ihren steten Abstand, für ihre distanzierte, wechselseitige Bezogenheit. Eine Parallele vertraut der anderen, ihr nie in die Quere zu kommen, ihr aber auch nie abhandenzukommen, sondern in stets gleicher Distanz von ihr verfolgt zu werden und ihr in stets gleicher Distanz folgen zu dürfen. Eine Parallele schützt die andere vor sich selbst. Die aneinander vorbeigehende Bewegung ist eine gänzlich gleichmäßige und gleichartige. Gleichgesinnt verpassen sich die zwei Parallelen in aller Endlichkeit. Diese Trennung endet nicht – und hat doch zwei Enden.

Die Trennung der Parallelen endet in der in beiden Richtungen auf sie wartenden Unendlichkeit der Konkretion. In diesem dunklen Terrain, auch die ehemals zwei

Richtungen werden hier eins, ergibt sich ein Schnittpunkt. Das Konkrete ist der Regelbruch, der anfangs »beunruhigend« genannt wurde. Es verbirgt sich in den äußersten Un-Enden von Sprache und Sexualität die Möglichkeit eines Rituals des Regelbruchs.

So ist also nicht nur die Frage nach der Möglichkeit des privaten Rituals zu bejahen, sondern auch seine Größe ist nun bestimmbar. Es handelt sich um eine relative und absolute Größe zugleich. Mein mir, nur mir eigener, unser uns, nur uns eigenster Ritus ist ein Unendlichstel des Ganzen, die kleinste unteilbare und größte unmögliche Einheit unserer Sprache, unserer Körper, unseres gemeinsamen Schwimmens im Meer, fort von der Küste, den Schnittpunkt träumend.

Stumpfes Messer

> »Die Stolzen sind nämlich besonders schön, wenn … also wenn man an seiner Macht über sie schon nicht mehr zweifelt, nicht wahr?«
>
> *Fjodor Dostojewski*

Wer zähmt, und wer wird gezähmt?

Nie durchtränkt von der allgegenwärtigen, alles verschlingenden und unberührt verschluckenden Sprache, an deren Rand wir abwarten, aufwarten, bleiben, blicken, durch die wir mittig gleiten, schwimmen, tauchen, waten. Immerzu perlt die Sprache ab, perlt auf der Erwartung, perlt im Blick, perlt an der Haut, perlt um die Zunge, und immerzu sind wir gleichsam in ihr und am Ufer, ein Saum treibender Kalyptren, die Köpfchen nie abgewandt und doch immer fremd »zu-Hause«, nie weilend, unserer Sprachheimat fremd, die wir beschämt überragen und in der wir im gleichen Moment unterzugehen drohen, drohen zu ertrinken, benetzt, nie durchtränkt.

Ich bin ein Körper. Mein Körper bahnt sich eine Schneise durch die Zeit. Haut und Sinne sind die Klinge, die das Vorankommen ermöglichen. Wie kommt es, dass dieser stumme Körper die Sprache begehrt? Von innen kleidet sie ihn aus, von innen liegt sie ihm flächig auf, von innen höhlt sie seine Körperlichkeit aus. Der Körper schirmt die Sprache ab, hütet sie, will sie für sich allein, will allein sein mit ihr und schämt sich all dessen. Er schämt sich der Komplizenschaft. Manchmal spürt er plötzlich die befremdliche Berührung zwischen der Außenseite der Sprache und der Innenseite seiner Haut. Niemand sonst sieht die Berührung. Der Körper misstraut dieser Berührung, er misstraut sich selbst, legt den Finger mahnend auf die Lippen, spürt unter der Haut des Fingers und unter den Lippen das Sprachvlies. Er ermahnt sich, die Klinge fortan nicht mehr zu wetzen, er übt sich in einer Choreographie des Unterlassens. Er begreift sich als Enklave in den Sprachländereien, macht sich ganz klein, erst buchstabenklein, dann satzzeichenklein. Die Sprache wird den Körper in der selbst geschaffenen Enklave vergessen haben. Die vollendete Zukunft ist die den Sprachstaat und den Sprachkörper beherrschende Zeitform. Wie begehrt man gegen die vollendete Zukunft auf? Ich bin ein Körper. Ein Körper, dessen Sehnsucht nach anderen Körpern gegenwärtig, unerbittlich, unstillbar ist.

Die Zähmung, die Besänftigung, ist unumgänglich. Das Wilde gehört immer schon zum Sanften, das Sanfte zum Wilden. Wer schreibt, wird zum Epitom einer dritten Option zwischen wild und sanft: Widerspenstig und zahm zugleich spielt, wer schreibt, mit den Gewalten der Sprache, lässt sie, schreibend, mit sich spielen. Wer schreibt, bändigt und beherrscht die Gewalten der Sprache und lässt sich, schreibend, von ihnen bändigen und beherrschen.

Meine Sprache hat sich in der Hand, eine seltsame Hand ist es, die sich bereit erklärt, ein solches wie diese Sprache zu halten. Indes ist es schließlich aber auch diese Hand, die die andere hält und zurückhält, die der anderen rückhaltlos verbunden ist. Die Sprache ist im selben Moment entglitten. Ähnlich einem glatten, engmaschigen Tuch. Wort an Wort an Wort, so nah aneinander, Wortwortwort, Geräusch, Rausch, Schweigen, ekstatisches Schweigen, flüchtige Berührung, eine berührbare Fläche, sie entgleitet. Es bleibt ein glatter Bruch. Die Sprache entgleitet weiter. Ähnlich dem Wasser, ähnlich dem Licht.

Wasser und Licht scheinen beinahe immun gegen die Domestizierung, sind unkartierbare Körper, die nicht davor zurückschrecken, ganze Welten zu verschlucken. Im Gegensatz zum Land akzeptieren Wasser und Licht weder Maß noch Form. Es gibt keine Wasserschaft, keine Lichtschaft, nur Wasser, nur Licht. Gewalten, die sich ausüben, ohne ein Konzept von Gewalt zu besitzen, die sich stets jenseits von Konzepten ausüben. Hierin liegt eine begehrenswerte Unmittelbarkeit, eine abstoßende Naivität, ein gefährlicher Reiz.

Darf ich hoffen, einmal doch durchzudringen, zu durchdringen, durchdrungen zu sein, durchnässt bis auf die stillen, stolzen Knochen, laut aufzulachen, unbefremdet, unbeschämt, ungezähmt, ungezügelt – hoffen, einmal ganz nach Hause zu kommen?

Bathymetrische Karte des Sprachkörpers

 εν διαφερον εαυτῳ
»Das Eine in sich selber Unterschiedne«
Heraklit (bei Hölderlin)

Körper und Sprache müssen um jeden Preis voneinander getrennt bleiben, sagt sich der Körper und spürt die Sprache.

Und doch, der Körper versucht, sich immer wieder zeilenklein zu machen und zu konservieren, was sich gegen den Stillstand verwehrt. Die Sprache versucht immer wieder, zu liebkosen und um sich zu schlagen, loszurennen und zu erstarren und zu lachen, in das gleißende Licht zu blicken oder in der Stille zu lächeln oder Schwindel beim Hinab- oder Hinaufschauen in die Tiefe oder Höhe zu empfinden oder in – aber nie ganz aus – der Berührung sich zu winden oder in der Abwesenheit des Anderen die eigene Oberfläche zu betrachten, befremdet zu begutachten, aber auch entfremdet zu betasten. Sprache und Körper teilen miteinander die Sanftheit, die Gewalt und die Sehnsucht nach der eigenen Entthronung.

Meine An-Fabel-Wesen-Heit ist unzulänglich, ist unzugänglich, ist Blick und Wort und ein Körper, der vergeblich versucht, Heim oder allemal Hülle zu sein für ein Innen, das älter und größer ist als er selbst, ist eine Sprache, deren Haut heller ist als die Farbe des Augenpaars, das blickt, um zu benennen. Meine An-Fabel-Wesen-Heit ist ein immer wieder kurz aufleuchtendes Versprechen, verführendes Versprechen, täuschendes Versprechen. Sie ist und bricht das Versprechen zugleich. Dir zugewandt, wende ich mich immer wieder ab, ganz anders als du, dem eine abgewandte Zugewandtheit zu eigen ist, die auf andere Weise ein Versprechen ist und bricht. Nie kommst du wirklich herein, dabei kann ich mich dir nur in mir versprechen, kann dir nur in mir eigentlich entsprechen, denn äußerlich bin ich eine Abwendung und kann die Zuwendung, die Zuneigung, die Zärtlichkeit, die dein Wesen und deine Weise in mir wecken, nicht zeigen.

Das Fabelwesen ist nicht. Es treibt munter sein Unwesen, es west, es fabel-west, es fabelt, es fabuliert, es verwest nie, es fabuliert aus der und in die und von der Ferne. Dem Fabelwesen ist das Wesen, das es sein soll, fern, und doch versucht es darin vergeblich, Heim und Hülle für die ihm innewohnende Fabel zu finden. Ein Fabelwesen ist nicht, sondern ist immer schon nur gewesen, ist vollendete Zukunft. Das Fabelwesen ist Sprache und Körper zugleich, ohne Trennstriche, und kann daher nicht sein. Begierig wird das Fabelwesen im einen Moment begehrt, doch im nächsten bricht sich das sich auf ihm reflektierende, auf seiner Haut schillernde und in seinen Augen rückflackernde Versprechen in zwei. In zwei bricht auch das Fabelwesen, das Verbrechen wiederholt sich, und es liegt ein stummer, regungsloser Körper da, und es liegt eine fragile, feste, ferne Sprache darunter, ein prekäres *Gitter*, dessen Strebungen sich dem auf ihm ausgestreckten Körper schmerzlich eingeprägt, auf dem sie Spuren hinterlassen haben, ohne ihn zu öffnen, ohne in ihn einzudringen, ohne in ihm Entsprechung zu finden. Meine An-Fabel-Wesen-Heit ist unzugänglich, ist unzulänglich, sie ist ein Versprechen, sie bricht ein Versprechen, sie wird ein Verbrechen. Das Fabelwesen wird immer schon nur gewesen sein.

Manchmal aber wird es seinen Körper an Orte getragen haben, die seine Sprache flüssig werden ließen und es in die Gegenwart zurückfließen lassen. Dann fließt diese ihm eigene Sprache aus seinem Körper, flieht in die einschüchternde, linierte Prärie, das blasse, flache Exil, das Papier. Ist das Papier auch ein trockener Feststoff, so ist es dennoch volatil wie sonst das Gas, dennoch viskos wie sonst die Flüssigkeit. Die Verlässlichkeit des Papiers ist ein Versprechen, das sich selbst von Beginn an bricht. Und dennoch fließt die Sprache aus dem Körper, verlässt ihn, verlässt sich auf das Papier. Sie hat keine andere Wahl. Die Sprache ist stets wahllos, sie kann nicht anders, als die Lichtung im Labyrinth zu suchen. Die Entscheidungen auf dem Weg in dieses Innenstück des Irrgartens sind letzte Zuckungen eines jeden Augenblick Sterbenden, sind Ausdruck der Wahllosigkeit. Ob es eine solche Lichtung, ein solches Innenstück gibt, ist nicht bekannt. Dass und ob das Fabelwesen Sprache und Körper trennen kann, ist ortsabhängig. Das Fabelwesen ist Orts-Untertan, ist ortsunterwandert, orts-unterworfen. Sind dem Fabelwesen Sprache und Körper auch alles, so stehen diese doch in der größeren Rangordnung weit unter Orten, Zeiten, dem Anderen, Allem und Einem. Sprache und Körper muss das Fabelwesen um jeden Preis trennen, denn sonst bleibt die Sprache stumm, bleibt der Körper verpuppt. Für das Fabelwesen ist diese Trennung, was anderen der Tag ist – die Metamorphose der innehaltenden Stille zur Imagination und ihrem Ausdruck, der starren Puppe zur Imago und ihrem Ausflug. Immer wieder aber fällt das Fabelwesen in die Nacht zurück, lässt sich fallen, ist Sprache und Körper zugleich. In ihm sind sie verschränkt und verengt wie nirgends sonst – ihre Vereinigung kann ihm dennoch nicht gelingen. Die Einheit von Sprache und Körper bleibt ein bloßer, ein blasser, ein unzuverlässiger Traum, aus dem es aufzuwachen gilt, um dem Trauma zu entkommen, welches sich in Form des Fabelwesens fehlgeboren hat und ewig wiedergebiert. Sprache, die fern sein will, die sich anmaßt, sich aus der Ferne mitzuteilen, Körper, der nah sein will, den es in der unmittelbaren Vereinigung zu fühlen verlangt. Sprache, die im Gegensatz zum Körper weder der Bewegung noch der Berührung bedarf. Körper, der im Gegensatz zur Sprache die Lichtung kennt und es sich zutrauen und sich trauen würde, sie zu betreten – wäre da nicht die in ihrem Irrgarten verfangene, in ihr Labyrinth verliebte, ihrem indifferenten, lebenslangen Verlorensein sich versprechende, sich fortwährend verschreibende Sprache.

Sprache und Körper müssen um jeden Preis getrennt bleiben. Der Preis der Trennung aber ist hoch. Die Zahlung des Preises zieht in eine Tiefe, die nicht auslotbar ist, nicht einmal mit dem nautischen Faden, dem Klafter. Es klafft eine Tiefe zwischen Sprache und Körper, deren bathymetrische Kartierung eine preislose Geheimdisziplin ist. Die Tiefsee zwischen Sprache und Körper ist ein pneumatischer Spalt mit einem schier unendlich ausgedehnten Wassertropfen darin, es gibt darin nur ein Hinab, kein Hinaus. Es ist nicht bloß ein Preis zu zahlen, um die Trennung aufrechtzuerhalten, es winkt immer schon auch der Preis der Unzertrennlichkeit. Alles ist so fern wie das Licht dem letzten Faden vor dem Grund der Tiefsee und so nah wie das Wasser dem Wasser an seiner Seite.

Die Unbefugten

In der Sprache ist meine Haut hell. Meine Haut ist gänzlich entblößt, ist makellos, ist nie nur die meinige in der Sprache. Steinern und fragil ist die Helle meiner Haut im Licht der Sprache. Das Licht vermag diese Haut nicht zu wärmen, sie ist glatt und kalt, sie lädt ein und weist doch im selbigen Moment ab. Auf ihr sind Spuren zu erkennen. Spuren wie Schatten nicht zuzuordnender Zweige. Spuren wie Narben vergangener, aber nicht vergessener Hiebe. Spuren wie Namen vergangener, aber nicht vergessener Lieben. Meine Haut ist in der Sprache die Leinwand und der Schauplatz von Werden, Verlust, Sehnsucht, Rückkehr. Sie ist der Schutz eines innewohnenden dunklen Systems und erzählt, zuoberst, seine Geschichte und die seines Schutzes. Sie ist Mauer und Hafen und Durchgang zugleich. Sie ist auch Symbol und Chiffre und rhetorische Frage. Die Haut ist keine Schicht. An der Haut scheitert die Sprache und an der Sprache die Haut. Das Scheitern ist eine der Schichten, die die Haut beschützt. Die Sprache will die Haut beschreiben, doch die Haut ist zu glatt. Die Haut will die Sprache berühren, doch die Sprache haust tief unter der Haut und leuchtet wie von fern.

Nur im Licht der Sprache werde ich lesbar. Auflohend verweist meine Haut auf dich – und vergisst. Das Aufbegehren gegen Verbote, Verfügungen und Verzicht ist die Atmung der Sprache. In ihr kostet sie eine Befugnis, die es nicht gibt. Inmitten dieser Atmung wirble ich partikel-gleich, leicht und klein, unbedeutend und versöhnt, abwechselnd in ein warmes Innen hinein und wieder hinaus in ein kälteres Außen.

Thesen über unsere Welt

1. Auf dem Haus gegenüber spaziert ein Tier. Es ist kein Vogel, obgleich es, das Tier, die Form eines Vogels besitzt. Sein Gang und sein Blick dort oben in der Ferne aber legen eine anderweitige Zuordnung nahe. Welch ein Anblick, welch ein Augenblick.

2. Es gibt nichts, was sich dem Verschlingen durch das Geräusch entziehen kann. Und das ist gut. Gut im engeren Sinne, gut im Sinne von laut. Und Sinn auch im Sinne von Unsinn, denn würde das Geräusch alles verschlingen, so bliebe kein Ohr, so bliebe kein Gehör, so bliebe kein Material, so bliebe kein Erzittern, so bliebe kein Raum, so bliebe also auch nichts vom Geräusch. Alles Verschlingen durch das Geräusch ist reversibel. Und das ist laut im engeren Unsinne. Das ist gut und kann dennoch bedauert werden.

3. Hinter zwei dunklen, kaum mehr transparenten Fenstern zeigen sich uns sechs hölzerne Tulpen. So zumindest meine Vermutung. Meine Vermutung allerdings umarmt alle ihr zugrunde liegen könnenden Illusionen und Fehlinterpretationen, selbst die unwahrscheinlichsten, selbst die gegen die physikalischen Gesetze verstoßenden. Nichts von dem, was der erste Satz annimmt, muss wahr sein, doch dass er stimmt, kann nicht negiert werden. Alles, was sich meinem Blick aussetzt, ist stimmig. Mein Blick zwingt die Welt zur Stimmigkeit. Die Stimmigkeit liegt immer außerhalb des Fensters. Innen ist nichts unmittelbar, ist

alles Verhinderung, gleitet der Zwang an den Oberflächen, perlt der Blick an den Tulpen ab. Innen ist das Geräusch still, und alles vermag sich ihm jederzeit zu entziehen. Das innere Geräusch ist ein immerzu gekränktes Tier. Sein Gang und Blick legen das zumindest nahe - sicher ist das nicht. Und kletterte ich zu ihm, so käme ich nie wieder heraus.

4. Stille ist ein anderer Ausdruck von Höhe. Beide machen uns schwindelig. Beim Hinaufschauen, beim Hinabschauen, beim Hinaufhören, beim Hinabschweigen. Schwindel ist der gefühlte Fall, der keine physikalischen Gesetze kennt und stolz durch die Welt spaziert, unantastbar und doch allgegenwärtig. Anziehend, flüchtig, hart, bohrend. Der gefühlte Fall hat den Blick eines Raubvogels und die zartesten Hände. Doch selbst die zartesten Hände können verletzen wollen. Man kann nicht anders, als, sich ebenfalls vergessend, die Verletzung in die Hand zu nehmen und dort in der eigenen, hohlen, offenen Hand zu küssen. Man kann nicht anders, als die andere, die fremde, offene, hohle Hand, die zarte Hand zart zu küssen. Ihre Offenheit spiegelt meine Offenheit, spiegelt sich in meiner Offenheit, und Verletzung und Versatz sind, selbst unter Tage, nur den physikalischen Gesetzen geschuldet.

5. Die Offenheit ist das Gegenteil vom Gesetz. Sie lugt durch das Gesetz. Sie lauert unter dem Gesetz. Im Unterholz des Gesetzes wartet die Offenheit geduldig

und allwissend darauf, gleichermaßen sich befreiend und fesselnd Gestalt anzunehmen. Offenheit lädt zum Fall ein und macht ihn doch auch unmöglich. Offenheit lädt den Fall in sich ein. Beide lieben das Gesetz. Beide lehnen das Gesetz liebend ab.

6. Das Runde findet sich an allen Ecken und Enden. Der Bruch mit dem Runden ist daher unabwendbar und dringend nötig. Der Ausbruch aus dem Runden kann viele Formen annehmen. Doch der Ausbruch und die Rückkehr beziehen sich und verweisen auf das Runde, ecken an ihm an und enden im Runden. Es handelt sich um eine eigentümliche Rückkehr, da das Runde nicht der Anfang, der Ausgangspunkt, ist. Die Rückkehr muss folglich unabhängig vom Aufbruch gedacht werden. Wäre der Aufbruch ein (Ausgangs-)Punkt, so wäre er ohnehin nicht zu orten. (In vielen Jahren des viele Jahre zurückliegenden Religionsunterrichts habe ich nur das eine gelernt von meiner Religionslehrerin, nämlich dass es keinen Punkt gibt. Damals habe ich darauf zunächst mit spöttischer Wut reagiert und auf die Reaktion der Religionslehrerin auf diese spöttische Wut mit lautem Lachen reagiert und dann körperlich auf mein eigenes lautes Lachen mit heftigem Nasenbluten reagiert, woraufhin die Religionslehrerin wiederum mit meinem Verweis aus dem Klassenzimmer reagierte, sodass die damals noch heftig von mir abgewiesene, abgelehnte, einzige Erkenntnis all dieser Jahre des Religionsunterrichts vorerst lachend und blutend außen auf dem leeren Flur vor der verschlossenen Klassenzimmertür

endete.) Wie aber verhält sich das Runde zum kleinsten Runden, dem unmöglichen Punkt? Es kann nicht zu ihm zurück, kann bloß seine äußerste, innigste Intensität in sich angedeutet spüren. Alles Runde hält in sich, enthält, äußert den Punkt, entäußert sich des Punktes, den es nicht geben kann und nicht gibt. Das ist der Ursprung der Unerträglichkeit.

7. Die beste Größe ist vielleicht das Wachsen. Das beste Sein vielleicht das Werden. Das beste Finden ist vielleicht das grenz-neurotische Hin- und Herfahren zwischen den Städten Österreichs auf der Suche nach einer Ausgabe der *NZZ*. Das gemeinsame Lachen ist der unerotische (und auch nicht ganz unerotische) Höhepunkt, insofern, als dass in ihm die größte Nähe und größte Distanz erfahren werden. Welch ein Geräusch, welch ein Wegblicken, welch ein Verschlingen, welch ein Anfall, welch eine Rückkehr, welch ein Augenblick, welch ein Tier, wildes Tier, Raubtier, wildes Tier, zartes Raubtier.

8. Kaum zu ertragen die Obszönität einer Luftwurzel. Und wenn sie dann noch ein Auge hat ... Auge in Auge mit der Luftwurzel will ich sie vergraben oder mir Erde auf das Auge schaufeln. Nichts macht mir größere Angst als die Vorstellung, unter Tage, unter der Erde, einer Luftwurzel zu begegnen. Angst um mich, Angst um sie, Angst vor dem Zwielicht, in dem das Obszöne nun, gleichermaßen phototroph und photophob, an-, aber auch abwesend ist. Wessen An- oder Abwesenheit ist unangemessener? Was

sagt das Gesetz? Was fühlt die Luftwurzel, wenn sie Auge in Auge mit mir Gestalt annimmt? Was sagen Sie? Was denken Sie? Was sehnen Sie? Wunsch und Wille ertragen die Obszönität nicht, so bleibt uns nichts als das Sagen, das Denken, das Sehnen. Uns, der Wurzel, der Luft, der Erde, dem Auge in all dem, was ich zu sein verdammt bin, dem Sehen. Das Sehen wünscht und will nicht. Dem Sehen bleibt nur zu sagen, zu denken, zu sehnen. Die Luftwurzel ist meine Achillessehne.

9. Die Achillessehne ist die größte Obszönität der Weltgeschichte. Ihrer gewahr zu werden, muss jeden Menschen erröten lassen. Sie spannt sich über den Abgrund. Dieser Sehne gewahr zu werden, muss jeden Menschen schwindeln lassen, denn er sieht unter der Sehne geradewegs den Abgrund. Lächeln wir Achilles an, verführt von ihm oder ihn verführend, uns gegen ihn verteidigend oder ihn angreifend, so lächeln wir immer in den Abgrund, wissend oder unwissend. Wir erahnen die Sehne und den Abgrund unter dieser Sehne fernab seines zarten Lächelns, fernab seines entschlossenen Blicks, fernab seines Kampfes, seines Schildes, seines Schwertes. Der Achillessehne gewahr zu werden, muss jeden Menschen sich verlieren und sich verlieben und dann verlieren lassen. Fest und doch flüchtig, göttlich und doch sterblich – ein Fall. Ein Fall in alle Richtungen. Fall eines Raubtiers. Die Sehne, die ursprünglich dem Halten dient, kündigt den Fall an. Auch das ist unerträglich. Hätte ein früher Fall den späten Fall verhindern können? Aber wir sehen zu viel, als dass

wir wünschen könnten, denn der Wunsch ist vielleicht der punktförmigste Gedanke, dessen wir fähig sind.

10. Selbst der Augenblick ist nicht konkret. Der Augenblick ist kein Standbild, kein stehendes Bild, kein aufstehendes, erstehendes, wiederauferstehendes Bild, selbst wenn sich der Augenblick so anfühlen kann im Moment seines Augenblickens oder – noch häufiger – im Rückblick auf den Augenblick.

11. Ich schenke dir das Unmögliche: ein Wort, das ich nicht sagen, einen Punkt, den es nicht geben, einen Wunsch, den ich nicht erfüllen kann.

Atrium

Die Sprache blickt mich stets aus der Diagonale an, mal sanft, mal verwegen, fast wild. Oder fällt bloß diagonal durch ein außer Reichweite liegendes, hohes Blätterwerk, in dem es ohne mein Zutun immerzu rauscht, mal leiser, mal lauter, fast wild, auf mich herab, in mein Gesicht, das ich nach oben ganz öffne, indem ich den Kopf in den Nacken lege, den Nacken überstrecke und dem darunter liegenden Körper zutraue, standhaft den sich durch den Einfall der Sprache ergebenden Schwindel zu komplementieren, sodass sich ein ausgewogenes, kreisförmiges Innehalten ergibt, trotz der aus den Fugen geratenen Stille meines aufleuchtenden Körpers. Ich erwidere den Blick der Sprache auf der Lichtung, doch mein Aufenthalt dort ist zeitlich begrenzt, und meist fallen bloß schmale Streifen der Sprache auf mich im Dickicht der unerbittlich sprießenden Zeiten. In diesen Zeiten ist es so still, steht die Zeit so dicht, dass es kaum noch ein Hindurchkommen gibt und doch … und doch finde ich schließlich zurück zur Lichtung, in der alles in Sprache getaucht sich mir ergibt und ich wiederum werde, was ich vorfinde, Licht und Lichtung und Sprache und nichts außerdem. Wo die Zeit sich lichtet, bin ich einsamer als an jedem anderen Ort, und nur dort kann ich mich ohne Zweifel in Sicherheit wägend wiegen wie ein Kind, das sich selbst liebt und, sich selbst erziehend, zu leben lernt. Auf der Lichtung ziehe ich mich auf und spiele mit mir. Auf der Lichtung ziehe ich mich einem Setzling gleich hoch. Und drohe ich manchmal, die Lücke in selbstvergessen-verspielter Wuchsbewegung zu schließen, dann spiele ich, an diesem einsamen Ort, mit dem Wort »dir«, und es öffnet sich mir zu Füßen die Dichtung, in die ich falle wie das Licht in die Öffnung des Dickichts der Zeit, in der ich dir einen Ort zu geben hoffe, wie ihn mir die Sprache gibt, wenn sie mich aus der Diagonale anblickt und so jeden Zeitpunkt aufhellt, jeden Zustand auflöst. Die Sprache ist eine zwielichtige Lösung, ein Blick ohne Gesicht, Augenblick ohne Geschichte, ein Licht, das flüchtig, das flüssig ist.

In der Späte ziehe ich mich zurück und bin dann schwer und von einer Helligkeit durchflossen, einem Licht-Rest, einer Sehnsucht, einem schweren, nicht nur die Glieder, sondern auch das Garn im Brustkorb schwer-machenden Sehnen. In der Späte ist in mir alles von einem Tuch umwickelt und ausgekleidet, welches sich auf der Lichtung vollgesogen hat mit der viskosen Flüssigkeit, die der Diagonale innewohnt und die nun in ein helles Leuchten verdampft, im Dunkel, in der stummen Hitze meines Körpers.

Mein Irrtum

»Drink me«
Lewis Carroll

Ich beneide die Sprache, wie ich das Meer beneide, und verwechsle sie manchmal miteinander, und beneide sie dann verkehrtherum.

Manchmal werde ich, und diese Verwechslung muss ich mir selbst zuschreiben, für eine Metapher gehalten. Aber, in der Tat, handelt es sich um einen Trugschluss, dem ein fahrlässiger Betrug vorausgeht.

Nichts vermag so gut zu halten, nichts hält so viel aus wie die Sprache, nichts gibt so viel und ist immer schon im Voraus so viel wie die Sprache. Sprache ist die reinste Gabe und der festeste Halt. Die Sprache kann alles anspülen an Land und sichtbar machen und kann alles verschlucken, verformen und in sich verbergen. Die Sprache ist ein Auf und Ab, ein Geben und Nehmen, rollt heran und zieht sich sogleich zurück, spielt mit dem, der zu ihr kommt, sich an ihrem Rande zu ihr gesellt, umhüllt, und birgt den, der sich in sie hineinbegibt, gebiert den, der sie zuletzt wieder verlässt, ohne Groll. Wilderes Gebärden oder weiteres Hinausschwimmen kann stets nur die Schwimmer, die Sprechenden, die Schreibenden gefährden. Die Sprache weiß um die Ferse und die Liebe, das Meer um das Lindenblatt zwischen den Schulterblättern und die Freundschaft. Verwundert und behutsam grüßen sie die

Verletzlichen, die sich aus dem Landes-, dem Lebensinneren an ihre Grenzen begeben, zärtlich nehmen sie die Verletzlichkeit zu Kenntnis und können doch nicht ausschließen, dass sich das einst unvollständige Bad im Fluss und im Blut nun im weiteren, wilderen Gewässer rächen wird.

Die Sprache hat keine Ferse und besitzt keine Schulterblätter, sie hat weder Mutter noch Geliebten noch Freund noch Feind. Die Sprache hat keinen Körper, der Pfeil oder Klinge zu fürchten bräuchte. Die Sprache muss sich nicht schützen, nicht rächen, nicht aussetzen, sie muss sich selbst nicht aushalten, muss nicht auf ihre Vergangenheit zurückblicken, muss nicht Schritt für Schritt für Schritt für Schritt mithalten mit einer Zeit außerhalb ihrer selbst. Die Sprache ist. Sie ist gegenwärtig. Sie ist Halt und Gabe. Sie kann gefügig, gefällig, gefährlich sein. Sie kann Bad sein, kann Fall sein, kann Trank sein. Sie gibt vor: »*Drink me*«, und wer täte es nicht *Alice* gleich, wer täte es nicht? Die Sprache kann vergrößern, verkleinern, verwandeln, verstecken, versprechen, Versprechen brechen, Verbrechen begehen – ohne Schuld, ohne Schluss, ohne Schloss, ohne Schlüssel, ohne Schlüsselbein, ohne jemals sich selbst zu sehen, sehen zu müssen, ohne jemals um Verzeihung bitten zu müssen.

Die Sprache macht aus dem Menschen eines jener leichten Teilchen, die in den Tiefen des Meeres und in den Gemischen aus Wasser und Luft an seiner Oberfläche und in den Begegnungen von Land und Wasser an seinen Ufern tanzen. Und doch bleiben wir unverhältnismäßig groß und grob neben den Buchstaben und selbst den Worten, und die Zeit reguliert erst und restriktiert schließlich jeden Aufenthalt in dieser kleinen, stillen Welt, reißt uns zurück in ein Reich, in dem Messbarkeit und Endlichkeit herrschen, in dem vorher und nachher, unten und oben klar trennbar sind und bestraft wird, wer versucht, maßlos zu sein, oder nur wünscht, Ende und Trennung möchten sich durch ein paar Tropfen Wasser auflösen, unleserlich und unwesentlich werden.

Manchmal werde ich, und diese Verwechslung muss ich mir selbst zuschreiben, für eine Metapher gehalten, und indem ich der Neigung nachgebe, die Verwechslung nicht oder nicht gleich aufzulösen, entblöße ich, den Trug nun beschließend, den ganzen Neid auf die Zähheit und Zartheit des zwittrigen Worts.

Postwendend

In der Meeresenge zwischen deinen Schulterblättern nahm ich einst ein Bad im Lindenlaub. Dort münde ich und verliere, verstecke und finde ich mich, ein Perpetuum mobile außer Reichweite. Ich fange mich ein und lache laut auf. Rauschhaft dreh ich mich auf dem freien Feld, stetig schneller, bis nur eine unaussprechliche Fläche, ihr sanfter Sog, sein lächelndes Rätsel, die Einladung, mir zu folgen, und das Versprechen, dass ich, diesmal, nicht zurückblicken werde, bleiben.

Wo ich herkomme, spricht man nicht. Dort schont man das Schöne. Dort schützt man den Schützen, der mit verbundenen Augen im Winter auf das eigene Kind zielt. Ich hingegen liebe das Sprechen, antworte keinesfalls nur auf Briefe von fern. Ich schone nicht, denn ich begehre das Schöne, und schütze auch das Kind, das nicht mein eigenes ist. Höre ich eine Stimme, die mir gefällt, so will ich antworten, und habe ich einmal zu antworten begonnen, so antworte ich gewissenhaft, ernst, zumutend, zärtlich.

Ich bringe die Sprache ins Spiel, die Sprache spielt mit Weiß, sie eröffnet das Spiel am Ufer, ein Anderer tritt hinzu, wir sitzen ihr gemeinsam gegenüber, unser Miteinander ist angewiesen auf den unschlagbaren Gegner und endet, vermutlich, mit seinem Sieg. Doch wir sind schon aufgebrochen, und ich breche dich aus der Mehrzahl des *wir* und aus der Anonymität, ich sage »*Du*« und nenne dich bei deinem Namen. Es ist Frühjahr, ich deute auf den Wind, du lauschst meinem deutenden Finger – und kennst nun auch meinen Namen.

Ich bringe den Körper ins Spiel, wähle einen anderen Ton. Ich sehe die Sättigung auf dir und kann mich nicht an ihr sattsehen. Ich notiere meine Gedanken fortan auf deinem Handrücken, wo du, ohne hinsehen zu dürfen, meine Handschrift lesen lernst. Ich suche das »*und*« in deinen Mundwinkeln, wo die diskreten Worte zerschellen. Wir brechen auf, nun zu Schiff. Ich sage, gegen den Seegang, das »*Ja*« in dein Ohr, auf hoher See, wo der Arm des Familienrechts nicht hinreicht. Die Haut ist Zeuge des wirklosen Schwurs. Behutsam geben wir einander unsere Stimmen zu trinken, und im Fieber gipfelt der Sommer unendlich.

Der Herbst bringt die Endlichkeit ins Spiel. Im Herbst bricht die Parenthese auf. Ihr noch eine Weile glänzendes Inneres trägst du herbstüber – bevor und bis du das Schiff als Erster verlassen wirst – stolz in deiner Brusttasche.

Wo ich herkam, spricht man nicht. Du weißt nun, mir könnte nichts ferner liegen. Wo ich herkam, trennt man säuberlich das Küssen und das Beißen. Mir ist das fremd. Zu Recht und zu Unrecht nanntest du mich eine *vornehme Sphinx*.

Doch das Bad in den Lindenblättern bleibt meine postwendende Antwort auf dich.

Handbruch

> »K fasste sie bei der Hand und dann
> beim Handgelenk«
> *Franz Kafka*

Es kann geschehen, dass ein Wort plötzlich aus sich herausbricht. Seine bloße Nennung genügt nicht, seine Bedeutung entzieht sich, das Wort windet sich, und je handgreiflicher wir ihm sprachlich beizukommen suchen, desto weniger lässt es sich fassen. Das Begreifen, wird es auch im allgemeinen Sprachgebrauch nicht sinnlich begriffen, ist eine Farce. Das Wort hält still, aus eigenem Antrieb, auch ohne Griff, und lässt sich betasten, berühren, befühlen. Der *Begriff* war nie mehr als die Bereitschaft des Wortes, still zu halten, wenngleich das seinem Wesen zutiefst widerspricht. Wir wehren uns gegen den Widerspruch des Wortes, obgleich wir ihn gut kennen, obgleich er unserer eigenen Widerspenstigkeit zwischen Zu- und An- und Gegenspruch durchaus entspricht. Eine Glättung dieser Wogen gliche Gewalt, eine Zähmung dieser Wildheit zersplitterte den Zwiespalt in abertausend kleine Abgründe. Das Begriffenhaben birgt daher auch eine Gefahr. Regte sich zuvor im Spielraum des Wortes alles in zwischenzeitlichen Ursprüngen, in Unabwägbarem und der Unzertrennlichkeit von Gegensätzen, so herrschen um den Begriff plötzlich Frakturen, Absätze, Maßstäbe, Gesetze, Gebrechen, Endgültigkeiten, und der Spielraum wird zum geriatrischen Gelände.

Weiße Tage

Weiß ist die Farbe der Frage. Die Frage, worum es geht, wird beschworen, ohne beantwortet zu werden. Die Frage nach dem privaten Ritual, die Frage nach dem abwesenden Leser, die Frage nach der Erschöpfung des Paradoxons, die Frage nach Vereinigung, Trennung, Mischung, Streuung. Die Frage nach der Flucht in die Nähe, der Ankunft in der Ferne, der Lust an und Sucht nach dem Zwischen. Die Frage nach den Farben des Opals. Fragend gleiten wir zuletzt stets in die Sprache. Die konsequente Reduktion auf das Sprachliche schafft eine glatte, regungslose Oberfläche, auf der sich die Inkonsequenzen des Sprachlosen und Vorsprachlichen spiegeln können.

Weiß ist die Farbe des Papiers. Weiß ist auch die Farbe der Überbelichtung. Weiß ist der größte Kontrast zum Schwarz. Weiß ist die anwesende Abwesenheit von Farbe. Weiß leuchtet, sinnlich wie auch etymologisch. Weiß, in einer anderen Verwendung des Wortes, wäre die erste Person Singular des Verbs wissen. Weiß ist vielleicht unter den nicht wenigen symbolisch aufgeladenen Farbworten das mit den meisten Facetten. Es flattern Assoziationen auf wie Licht und Leere, Strenge und Sterilität, Rausch- und Rauchsignal, Helligkeit und Heiligkeit, Faser und Fassade, Tuch und Tapete, Fell und Federn, Gebiss und Gebein, Schnee und Schaum, Unbeschwertheit und Feierlichkeit, Absolution und Kapitulation, Porzellan und Stein, der Anfang und das Ende. Weiß ist ein Angebot und eine Zumutung zugleich.

Am Meer ist die Gischt weiß, ist die Sonne, wenn sie am höchsten steht und am hellsten ist, weiß, ist das Papier weiß, bis der Text in dem Aufeinandertreffen dieser bereits in sich höchst heterogenen Eindrücke entsteht. Die Gischt ist ein Luft-Wasser-Gemisch, eine Dispersion aus Gas und Flüssigkeit. Das Sonnenlicht kann, wird es durch die Dispersion im Prisma gebrochen, in ein kontinuierliches Spektrum zerlegt werden und stellt sich so ebenfalls als zusammengesetzt heraus. Das Papier ist ein Faservlies, das bereits in der Unordnung der Fasern eine Inhomogenität aufweist, darüber hinaus aber durch die Beschriftung eine unüberschaubar hohe Streuung, Dispersion erreicht – kaum ein Papier gleicht einem anderen, sobald das Schreiben anbricht und das Papier die Schreibflüssigkeit und die gasgleich volatilen Gedanken des Schreibenden adsorbiert und so den Kreis zur Gischt schließt. Das Gedicht ist gebrochenes Licht und Gischt, ist Schein und Schaum. Die Sprache ist buntes Weiß.

Fußnote

Die Fermate ist das dritte Bedürfnis neben Bewegung und Berührung. Das schlichte Symbol – eine nach unten hin offene Parabel und, mittig, ein Punkt darunter – schreibe ich in die Luft, wenn ich bleiben will. Ich halte sie, halte sie, halte sie, halte sie, bin ihr lächelnder Gefangener, und die Fermate, sie wird mir mein blauer Auftakt.

Kein Heft und keine Tinte, sondern ein einzelnes Blatt Papier und einen Bleistift trage ich bei mir, wenn ich ans Meer gehe, um ins Meer zu gehen. Zurück, trocknend, an Land, eine Sandkruste auf den Schienbeinen, das Haar ein durchnässter, glänzender Knoten, der Körper warm innen und auch außen warm im gleißenden Licht, dennoch fröstelnd knapp unter und knapp über der Haut, notiere ich in einer Sprache, die weder die ist, die um mich gesprochen und gerufen wird, noch, nicht zufällig, meine eigene:

My ears still hum from the silence, and my eyes still laugh from the bliss of being a tiny glowing particle in this huge body of water, moving up and down with it, warming up in it and taking each splash of salty water euphorically.

I remember that whenever I have been in the sea the point in time when something changes, transitions, is after the water level reaches the heart.

A short, almost surprising, nevertheless pleasant pain when the warmth of the body exposes itself fully to the cold of the water, when the quietness of the body exposes itself to the wildness of the water – and then I am that dancing particle in a huge body of no longer cold water and the taste of salt on my lips after a high wave and the excitement when seeing that wave come closer and closer and the sight of only water and sky and sun is the closest I can imagine to feeling god-like and self-less.

Ich ruhe auf dem Blatt Papier, stehe, der Welt zu Füßen, kaum leserlich, auf ihm, schreibe die Fußnote - und zeichne, nicht sichtbar, eine Fermate darüber.

In der Frühe und in der Späte

»Und über mir sei, Meer!«
Arthur Rimbaud

Wörter, wie unvorsichtig sie auch behandelt und wie rückhaltlos ins Freie, auf die Fläche, sie auch gestürzt werden und willig stürzen oder allemal sich stürzen lassen, sind resistent gegen Verlust, und ihr Durcheinander ist reversibel, und auf ihre Rückkehr in ihren Behälter, dessen Eigentümerin ich bin, wie die Worte wissen, ist Verlass. Wir verzeihen einander stets, denn in der Sprache ist es noch früh.

Am Meer hingegen ist es spät und weniger salzig, und die unzähligen schwärzeren Blautöne drängen sich dort dunkelnd aneinander. In der Späte ist das Meer lauter, und das Getöse zeugt von einer ruhigen Wildheit. Das Meer flüstert ein brachiales Angebot in das Ohr des späten Besuchers: Ich werde dich, wenn du nur willst, deinen Willen durch meinen kolossalen Körper potenzierend, verschlucken. Doch dieses Schlucken ist sprachlos. Dieses Stürzen in den Schlund ist irreversibel und kann nicht verziehen werden. Und ist doch nur ein Versuch, wortgleich zu kullern, zu kugeln, zu rieseln vor deinem gesenkten Blick unter der dunklen Wasseroberfläche.

Manchmal, leuchtet es, mitten am Tag, widersprüchlich, zuversichtlich, vom Festland her, aus der Ferne, in mir, plötzlich leuchtet es ein, wogegen mein Meer, mit mir, stetig stürzend aufbegehrt: Eigentlich bin ich sprachlos, fällt mir in der Mitte des Tages ein.

In-aiphnes

Einst war ich, beizeiten will ich es wieder sein, ein sprechendes Echo.

Ein sprechendes Echo
sollst du sein, sag ich mir.

Am Seerand lächelt der Bohrengel geduldig.

Inhalt

Für T. B.

Nasima Sophia Razizadeh, 1991 in Frankfurt am Main geboren, ist Dichterin. Ihr Debüt *Sprache und Meer* erschien 2023. Es folgten die im Wallstein Verlag erschienenen Gedichtbände *Die Goldwaage* (2024) und *Entschwebung* (2026). Nennenswerte Lebensorte sind Köln, Wien und Edinburgh.

Zweite Auflage Berlin 2026

MSB Matthes & Seitz Berlin Verlagsgesellschaft mbH
Großbeerenstraße 57A | 10965 Berlin
info@rohstoff-literatur.de

Umschlag: Marion Wörle, Berlin
Satz: Tom Mrazauskas, Berlin
Druck: Art-Druk, Szczecin

ISBN 978-3-7518-7012-2

www.matthes-seitz-berlin.de
www.rohstoff-literatur.de

Rohstoff Verlag ist ein Verlagsprojekt
von Matthes & Seitz Berlin.